“河南省职业教育品牌示范学校建设项目”改革成果教材

汽车发动机构造与维修

主　编　张　赫　李占强
副主编　聂云生　郝明磊
　　　　李　辉　王继玲

黄河水利出版社
·郑州·

内容提要

本书是根据河南省中职对口升学大纲所编著的教材，是根据汽车发动机构造与维修课程标准编写完成的。本书主要内容包括：发动机概述、发动机机械系统、进排气系统、燃油供给系统、冷却系统、润滑系统、发动机电子控制系统、汽车发动机构造与维修测试题及参考答案。

本书可供各类中等职业学校汽车运用与维修专业教学使用，也可作为维修人员的培训教材，以及其他学习汽车知识人员的参考用书。

图书在版编目(CIP)数据

汽车发动机构造与维修/张赫，李占强主编. —郑州：黄河水利出版社，2020. 6

"河南省职业教育品牌示范学校建设项目"改革成果教材

ISBN 978-7-5509-2627-1

Ⅰ. ①汽… Ⅱ. ①张… ②李… Ⅲ. ①汽车-发动机-构造-职业教育-教材②汽车-发动机-车辆修理-职业教育-教材 Ⅳ. ①U472. 43

中国版本图书馆 CIP 数据核字(2020)第 057661 号

组稿编辑：田丽萍　电话：0371-66025553　E-mail：912810592@qq. com

出 版 社：黄河水利出版社　网址：www. yrcp. com

地址：河南省郑州市顺河路黄委会综合楼 14 层　邮政编码：450003

发行单位：黄河水利出版社

发行部电话：0371-66026940、66020550、66028024、66022620(传真)

E-mail：hhslcbs@126. com

承印单位：河南承创印务有限公司

开本：787 mm×1 092 mm　1/16

印张：8

字数：190 千字　印数：1—1 000

版次：2020 年 6 月第 1 版　印次：2020 年 6 月第 1 次印刷

定价：45. 00 元

《汽车发动机构造与维修》编委会

前　言

随着我国汽车工业的迅猛发展,新技术、新工艺在维修技术领域中得到广泛应用,汽车技术的发展也使汽车维修技术得到迅猛发展。本书的编写从满足经济发展对高素质劳动者和技能型人才的需求出发,在课程结构、教学内容、教学方法等方面进行了新的探索与改革创新,以利于学生更好地掌握本课程的内容,利于学生理论知识的掌握和实际操作技能的提高。

本书由杞县职业中等专业学校承担编写工作,编写人员及编写分工如下:项目一和项目二由张赫编写,项目三由李占强编写,项目四由聂云生编写,项目五由郝明磊编写,项目六由李辉编写,项目七由王继玲编写,测试题及参考答案由张赫、李占强编写。本书由张赫、李占强担任主编,并负责全书统稿;由聂云生、郝明磊、李辉、王继玲担任副主编。

本书在编写过程中,得到了各院校的专家、教授以及出版社的支持与帮助。同时,参考了不少相关资料、著作、教材,对提供帮助的同行及资料、著作、教材的作者,在此一并致以诚挚的谢意!

由于编者水平有限,书中难免存在错漏和不足之处,恳请广大师生及专家、读者批评指正。

编　者

2020 年 2 月

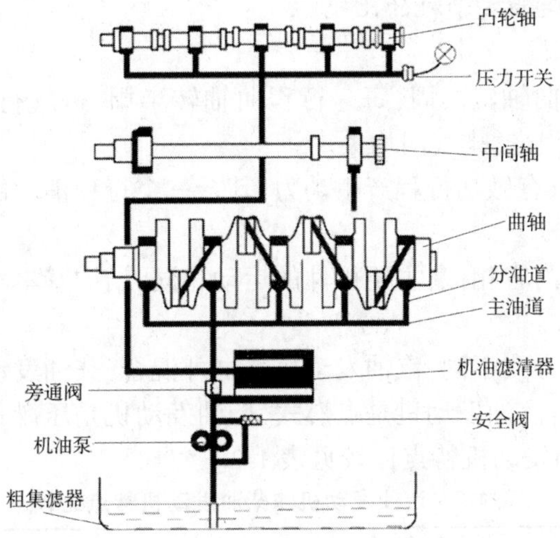

图 1-7 润滑系统

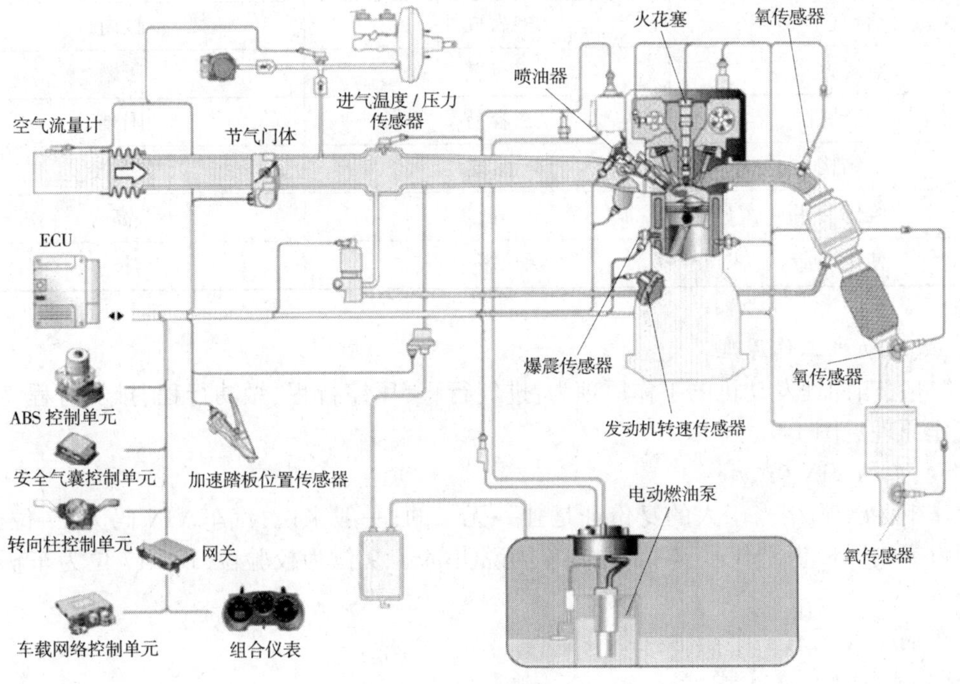

图 1-8 电子控制系统

表 1-1 发动机的分类

项目	类型	项目	类型
按燃料不同	汽油发动机、柴油发动机	按吸气方式	自然吸气、涡轮增压
按汽缸的布置形式	直列、V 型、W 型、对置	按冲程分	二冲程、四冲程
按冷却方式	风冷、水冷	按汽缸数分	一缸、二缸、三缸、四缸、六缸、八缸等

四、汽油发动机与柴油发动机的比较

相同点如下：

(1)每个工作循环曲轴转两周,每一行程曲轴转半周,进气行程进气门开,排气行程排气门开,其余两个行程进、排气门均关。

(2)四个行程中,只有做功行程产生动力,其余三个行程消耗能量。

(3)必须用外力起动。

(4)工作循环基本内容相似,主要机件的运动相同,结构基本相同。

不同点如下：

(1)混合气的形成方式不同:汽油发动机是缸外混合,柴油发动机是缸内混合。

(2)着火方式不同:汽油发动机是点燃式,柴油发动机是压燃式。

汽油发动机和柴油发动机特点比较见表 1-2。

表 1-2　汽油发动机和柴油发动机特点比较

比较项目	汽油发动机	柴油发动机
燃料	汽油	柴油
混合气形成	多为缸外	缸内
点燃方式	点燃	压燃
起动性	容易	困难
结构	紧凑	欠紧凑
维修费用	低	高
使用寿命	短	长

五、发动机工作原理

一般,四冲程发动机的工作原理为:进气行程、压缩行程、做功行程、排气行程。发动机工作原理见图 1-9。

六、车辆 VIN 码

车辆 VIN 码相当于人的身份证是独一无二的,一般来说,汽车 VIN 码为 17 位,1~3 位为世界制造厂识别代号,4~8 位为车辆说明部分,9 位为校验位,10~17 位为车辆指示部分。

车辆 VIN 码有三个作用：

(1)有助于记录车辆。

(2)有助于车辆使用人变更。

(3)防盗功能。

车辆 VIN 码一般位于:仪表板左上侧,挡风玻璃的左下角,右前门里 B 柱下端车辆铭牌上,前挡风玻璃右下沿、流水槽附近。

七、发动机的性能指标

发动机的有效性能指标用来评价发动机性能优劣和维修质量的好坏,用来评价发动机的设计和制造的水平。汽车发动机有效性能指标主要有：

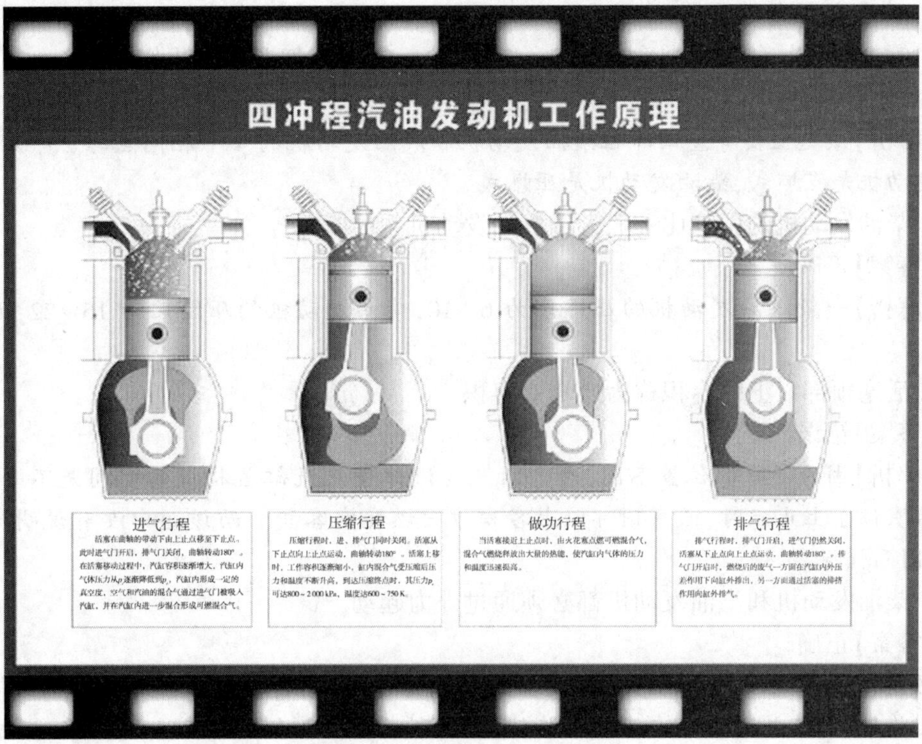

图 1-9　发动机工作原理

(1)发动机经济性指标。

(2)发动机动力性指标。

(3)发动机排放性指标。

(4)发动机噪声性能指标。

(5)发动机冷起动性指标。

知识点解析

1. 发动机工作过程中,(　　)汽缸压力最大。

A. 进气行程　　B. 压缩行程　　C. 做功行程　　D. 排气行程

【答案】C

【解析】该题考查各行程的压力值,进气行程压力 0.075~0.09 MPa,压缩行程压力 0.6~1.2 MPa,做功行程压力 3~5 MPa,排气行程压力 0.105~0.115 MPa,所以选 C。

2. 四冲程发动机曲轴转速为 4 000 r/min,则同一汽缸的进气门在 1 min 内开闭次数为(　　)。

A. 1 000 次　　B. 2 000 次　　C. 3 000 次　　D. 4 000 次

【答案】B

【解析】该题首先让学生明白四冲程发动机一个工作循环曲轴转 2 圈,进气门打开和关闭一次,现为发动机转速是 4 000 r/min,共完成 2 000 个循环,因而进气门开闭 2 000 次。

3. 关于四冲程柴油发动机和汽油发动机,下列说法错误的是(　　)。

A. 点火方式相同　　B. 都用外力起动

C. 进入汽缸的都是混合气　　D. 混合气形成方式相同

【答案】A

【解析】该题主要考查四冲程柴油发动机和汽油发动机的 4 个相同点与 2 个不同点。汽油发动机是点燃式,柴油发动机是压燃式。

4. 柴油发动机的压缩比一般大于汽油发动机。(　　)

【答案】正确

【解析】一般汽油发动机的压缩比为 6~10,柴油发动机的压缩比为 16~22,因而正确。

5. 活塞顶部以上的容积称为燃烧室容积。(　　)

【答案】错误

【解析】因为活塞的位置不同,那么活塞与汽缸壁及汽缸盖构成的空间是不一样的。只有活塞位于上止点时,活塞顶部以上容积才叫燃烧室容积。而该题中没有说明活塞的位置,因而错误。

6. 柴油发动机和汽油发动机都必须通过外力起动。(　　)

【答案】正确

【解析】因为柴油发动机和汽油发动机都是属于内燃机,在发动机工作之前曲轴都不能自己旋转,都需要通过外力使曲轴旋转,当达到发动机着火的转速时,发动机才能启动。因而,柴油发动机和汽油发动机都是通过外力启动是正确的。

7. 活塞一个行程所扫过的容积称为发动机容积。(　　)

【答案】错误

【解析】该题考查的是容积的问题,活塞一个行程所扫过的容积指的是从上止点到下止点之间汽缸的容积,该容积称为汽缸工作容积;而汽缸总容积是活塞处于下止点时,活塞顶部以上的容积。因而该题错误。

8. 柴油发动机喷油器将柴油喷入汽缸是在(　　)行程。

A. 进气　　B. 压缩　　C. 做功　　D. 排气

【答案】B

【解析】该题考查的是柴油发动机工作原理,柴油发动机在压缩行程压缩的是纯空气,在压缩行程接近终了时,喷油器将柴油喷入汽缸内。因而该题答案是 B。

9. 活塞行程(S)与曲柄半径(R)的关系是(　　)。

A. $S=R$　　B. $S=2R$　　C. $R=2S$　　D. 没有关系

【答案】B

【解析】该题主要考查活塞行程与曲柄半径的关系,活塞由上止点运动到下止点,连杆轴颈刚好绕曲轴旋转 180°,所以一个活塞行程刚好等于两个曲柄半径,即 $S=2R$。

10. 柴油发动机和汽油发动机都是在汽缸内形成混合气。(　　)

【答案】错误

【解析】该题主要考查柴油发动机和汽油发动机的不同点,其中柴油发动机是缸内形成混合气,汽油发动机是缸外形成混合气。因而该题错误。

11. 车辆 VIN 码由(　　)位字符组成。

A. 16　　B. 17　　C. 18　　D. 19

【答案】B

【解析】该题考查的是车辆识别代码,又叫车辆 VIN 码,由字母和阿拉伯数字共有 17 位字符组成,又称为 17 位码。因而该题选 B。

12. 某六缸四冲程发动机工作时,凸轮轴旋转 60 转,该发动机第 6 缸完成工作循环次数为 60 次。(　　)

【答案】正确

【解析】该题考查的是凸轮与曲轴的传动关系,四冲程发动机一个工作循环,曲轴转 2 圈,凸轮轴转 1 圈,该题中说凸轮轴旋转 60 转,由此可判断该发动机完成工作循环次数为 60,因而该题正确。

13. 柴油发动机没有(　　)。

A. 点火系统　　B. 起动系统　　C. 润滑系统　　D. 冷却系统

【答案】A

【解析】该题考查柴油发动机和汽油发动机的区别,汽油发动机有点火系统,而柴油发动机没有点火系统,汽油发动机比柴油发动机多一个点火系统,因而选 A。

14. 四冲程发动机的有效行程是(　　)。

A. 进气　　B. 压缩　　C. 做功　　D. 排气

【答案】C

【解析】该题主要考查发动机的四个行程,进气、压缩、做功、排气,其中进气、压缩、排气是辅助行程,做功行程对外做功是有效行程。因而该题选 C。

项目测评

一、填空题

1. 热力发动机按燃料燃烧的位置可分为________和________两种。

2. ________是汽车的心脏,是汽车的________。现代汽车中,应用最广的发动机是________________;有____________和____________两种。

3. 汽油发动机一般由________、________、________、________、________、________、________和________组成。

4. 四冲程发动机一个工作循环包括________、________、________、________四个行程。有效行程是________行程。

5. 四冲程发动机每个工作循环曲轴转________,每一行程曲轴转________。

6. 发动机按冷却方式的不同,可分为________、________。

7. 发动机按着火方式的不同,可分为________、________。

8. 活塞处于上止点时活塞顶部以上的容积称为________。

9. 进气冲程柴油发动机吸入汽缸的是________,汽油发动机吸入汽缸的是________。

10. 活塞离曲轴回转中心最近处称为________。

11. 发动机按照汽缸排列形式分为________和________;单列式发动机又称为________,双列式发动机若两列汽缸之间的夹角小于 180°,称为________型发动机,等于 180°称为________发动机。

二、选择题

1. 活塞每旋转一个行程,相应于曲轴转角________。（ ）

A. 180° B. 360° C. 540° D. 720°

2. 对于四冲程发动机来说,发动机每完成一个工作循环曲轴旋转________。（ ）

A. 180° B. 360° C. 540° D. 720°

3. 汽油发动机的点火方式是________。（ ）

A. 压燃式 B. 点燃式 C. 太阳能 D. 气动式

4. 柴油发动机通过喷油器将柴油喷入________。（ ）

A. 进气管 B. 进气歧管 C. 汽缸 D. 化油器

5. 柴油发动机吸入的是________。（ ）

A. 纯空气 B. 纯柴油 C. 可燃混合气 D. 液态柴油

6. 四冲程发动机每一行程曲轴转过________。（ ）

A. 180° B. 360° C. 540° D. 720°

7. 柴油发动机的压缩比为________。（ ）

A. 7~9 B. 16~22 C. 7~16 D. 9~22

8. 进气行程进气门和排气门状态分别是________。（ ）

A. 进气门关、排气门开 B. 全关

C. 进气门开、排气门关 D. 全开

9. 四冲程发动机产生动力的行程是________。（ ）

A. 进气 B. 压缩 C. 排气 D. 做功

10. 可以记录汽缸压力的行程是________。（ ）

A. 进气 B. 压缩 C. 排气 D. 做功

11. 四冲程发动机曲轴转速为 3 000 r/min,则同一汽缸的进气门在 1 min 内开闭次数为________。（ ）

A. 750 次 B. 1 500 次 C. 3 000 次 D. 1 000 次

12. 活塞一个行程所扫过的容积称为________。（ ）

A. 燃烧室容积 B. 汽缸总容积 C. 汽缸工作容积 D. 发动机容积

13. 四冲程发动机的有效行程是指________。（ ）

A. 压缩行程 B. 做功行程 C. 排气行程 D. 进气行程

14. 关于 VIN 码的表述错误的是________。（ ）

A. 仪表板左上侧、玻璃的下沿 B. 右前门里 B 柱下端车辆铭牌上

C. 前挡风玻璃右下沿、流水槽附近 D. 车身上

15. 四冲程发动机产生动力的行程是指________。（ ）

A. 压缩行程 B. 排气行程 C. 做功行程 D. 进气行程

16. 关于柴油发动机和汽油发动机,下列说法错误的是________。（ ）

A. 点火方式相同 B. 都用外力起动

C. 进入汽缸的都是混合气 D. 混合气形成方式相同

17. 活塞行程(S)与曲柄半径(R)的关系是________。 ( )

A. $S=2R$ B. $S=R$ C. $R=2S$ D. 没有关系

18. 活塞处于下止点时,活塞顶面以上的容积称为________。 ( )

A. 汽缸工作容积 B. 汽缸总容积

C. 燃烧室容积 D. 发动机工作容积

19. 柴油发动机喷油器将柴油喷入汽缸是在________。 ( )

A. 进气行程 B. 压缩行程 C. 做功行程 D. 排气行程

20. 发动机排量是指发动机各汽缸的________总和。 ( )

A. 汽缸工作容积 B. 燃烧室容积 C. 汽缸总容积 D. 浮子室容积

21. 发动机的压缩比是指________之比。 ( )

A. 汽缸总容积与燃烧室容积 B. 汽缸工作容积与燃烧室容积

C. 发动机排量与燃烧室容积 D. 汽缸总容积与汽缸工作容积

22. 车辆 VIN 码由________位字符组成。 ( )。

A. 18 B. 16 C. 19 D. 17

23. 某六缸四冲程发动机工作时,凸轮轴旋转 60 转,该发动机第 6 缸完成工作循环次数为________。 ( )

A. 30 次 B. 40 次 C. 50 次 D. 60 次

24. 下列哪一项不是四冲程发动机的行程之一。 ( )

A. 进气 B. 点火 C. 做功 D. 压缩

25. 关于四冲程发动机的行程顺序,技师 A 说:进气、做功、压缩、排气。技师 B 说:排气、压缩、做功、排气。正确的说法是________。 ( )

A. A 对 B. B 对 C. 都对 D. 都不对

26. 进、排气门在排气上止点时________。 ( )

A. 进气门开,排气门关 B. 排气门开,进气门关

C. 进、排气门全关 D. 进、排气门叠开

三、判断题

1. 活塞行程是指上、下两止点间的距离。 ( )

2. 发动机排量是指所有汽缸工作容积的总和。 ( )

3. 四冲程发动机在进行压缩行程时,进、排气门都是开启的。 ( )

4. 二冲程发动机完成一个工作循环,曲轴共转二周。 ( )

5. 四冲程柴油发动机在进气行程时,进入汽缸的是可燃混合气。 ( )

6. 汽油发动机的组成部分有点火系统,而柴油发动机没有点火系统。 ( )

7. 对多缸发动机来说,所有汽缸的工作行程都是同时进行的。 ( )

8. 汽油发动机的压缩比越大,则其动力性越好。 ( )

9. 当压缩比过大时,柴油发动机、汽油发动机都可能产生爆燃。 ( )

10. 柴油发动机是靠火花塞跳火来点燃可燃混合气的。 ( )

11. 汽油发动机和柴油发动机的点火方式不同,但其混合气形成方式是相同的。

( )

12. 压缩比越大,压缩终了时汽缸内气体压力和温度越高。 ( )
13. 柴油发动机和汽油发动机都必须通过外力起动。 ( )
14. 汽车的动力源是电气设备。 ( )
15. 进气行程柴油发动机和汽油发动机吸入汽缸的都是混合气。 ( )
16. 柴油发动机和汽油发动机的点火方式相同。 ( )
17. 发动机是将燃料燃烧产生的热能转换为机械能的机器。 ( )
18. 活塞顶部以上的容积称为燃烧室容积。 ( )
19. 柴油发动机和汽油发动机都是在汽缸内形成混合气。 ( )
20. 汽油发动机和柴油发动机都属于往复活塞式内燃机。 ( )
21. 四冲程发动机一个工作循环,曲轴旋转四周。 ( )
22. 往复活塞式发动机活塞在汽缸内做往复直线运动。 ( )
23. 四冲程发动机和二冲程发动机每个工作循环都包括进气、压缩、做功和排气四个行程。 ( )

四、名词解释

1. 上止点

2. 爆燃

3. 汽缸工作容积

4. 活塞冲程

5. 燃烧室容积

6. 发动机排量

7. 压缩比

8. 汽缸总容积

五、简答题

1. 发动机的作用是什么？

2. 发动机的类型有哪些？

3. 发动机的总体构造有哪些？

4. 简述四冲程汽油发动机的工作原理。

六、问答题

试回答柴油发动机和汽油发动机的相同点与不同点。

项目二　发动机机械系统

项目指南

1. 重点掌握曲柄连杆机构的作用和组成。
2. 重点掌握配气机构的作用和组成。
3. 掌握曲柄连杆机构和配气机构各组成零件的结构特点。
4. 掌握拆装工具的正常使用。
5. 掌握曲柄连杆机构和配气机构的拆装要点。
6. 重点掌握正时链条的安装和汽缸压力的检测。
7. 了解曲柄连杆机构和配气机构的故障判断方法。

重点

1. 曲柄连杆机构的作用和组成。
2. 配气机构的作用和组成。
3. 曲柄连杆机构各个零部件的作用及结构特点。
4. 配气机构各零部件的作用及结构特点。
5. 会正确使用各拆装工具。

难点

1. 正时链条的检测与安装方法。
2. 汽缸压力的检测方法步骤。

项目要点

一、曲柄连杆机构的功用

曲柄连杆机构的作用是提供燃烧场所，把燃料燃烧后气体作用在活塞顶上的膨胀压力转变为曲轴旋转的转矩，不断对外输出动力。

(1)将气体的压力变为曲轴的转矩。

(2)将活塞的往复运动变为曲轴的旋转运动。

二、曲柄连杆机构的组成

曲柄连杆机构由机体组、活塞连杆组、曲轴飞轮组三部分组成。

(1)机体组。主要包括汽缸体、汽缸垫、汽缸盖、曲轴箱及油底壳等不动件。

(2)活塞连杆组。主要包括活塞、活塞环、活塞销、连杆等运动件。

(3)曲轴飞轮组。主要包括曲轴、飞轮等。

三、配气机构的功用

按照发动机每个汽缸内所进行的工作循环和发火次序的要求，定时开启和关闭汽缸的进、排气门，使新鲜可燃混合气(汽油发动机)或空气(柴油发动机)得以及时进入汽缸，废气得以及时从汽缸排出。

四、配气机构的组成

凸轮式配气机构由气门组和气门传动组组成。气门组零件主要包括气门、气门座、气门导管和气门弹簧等;气门传动组由凸轮轴、正时齿轮、挺柱、推杆、摇臂和摇臂轴等零件组成。

五、曲柄连杆机构异响

发动机异响主要有机械异响、燃烧异响、空气动力异响、电磁异响。

异响产生原因:配合间隙过大,爆燃或早燃,润滑不良,紧固件松动,个别机件变形或损坏,装配调整或修理不当。

异响因素:转速,温度,负荷,润滑条件。

六、配气机构常见故障

(1)气门异响。

(2)凸轮轴异响。

(3)液力挺住异响。

(4)气门漏气。

知识点解析

1. 在维修作业中,同一台发动机的各缸活塞可以互换。(　　)

【答案】错误

【解析】该题考查的是发动机活塞,如果对于新的汽缸与活塞,只要规格相同,是可以互换的,但该题说的是维修作业中,就不能更换了。因而该题错误。

2. 四冲程直列六缸发动机发火间隔角为 360°/6=60°。(　　)

【答案】错误

【解析】关于发动机的发火间隔角,只要是四冲程发动机,不用区分直列或 V 型,都是用 720°除以汽缸数。因为,四冲程发动机一个工作循环曲轴转过两周。因而该题错误。

3. 关于四冲程汽油发动机燃烧室形状说法中,不正确的是(　　)。

A. 平顶　　B. 楔形　　C. 半球形　　D. 盆形

【答案】A

【解析】该题主要考查发动机燃烧室的形状,但要区分柴油发动机和汽油发动机,二者燃烧室形状不一样;汽油发动机为楔形、盆形、半球形三种,因而本题选 A。

4. 四冲程 V 型六缸发动机的发火间隔角为(　　)。

A. 180°　　B. 150°　　C. 120°　　D. 90°

【答案】C

【解析】该题主要考查发动机的发火间隔角,同样用 720°除以汽缸数,且直列和 V 型发动机都是一样的。

5. 六缸四冲程发动机中同名凸轮间的位置相差 60°。(　　)

【答案】正确

【解析】该知识点主要考查的是凸轮的相对角位置,应与发动机的发火间隔角区别开,明确四冲程发动机一个工作循环曲轴转 2 周,凸轮轴转一周,因而凸轮的相对角位置应用 360°除以汽缸数,既 360°除以 6 为 60°,因而该题正确。

6. 多缸直列式发动机的曲拐数是汽缸数的一半。(　　)

【答案】正确

【解析】该题主要考查的是曲拐数与汽缸数的关系，直列发动机曲拐数与汽缸数相同，V 型发动机对应两个汽缸共用一个曲拐，曲拐数是汽缸数的一半，因而该题正确。

7. V 型发动机两列汽缸中心线的夹角(　　)。

A. $Y>180°$　　B. $Y=180°$　　C. $Y<180°$　　D. $Y=360°$

【答案】C

【解析】该题主要考查汽缸体按汽缸排列方式进行分类的类型，其中两列汽缸中心线夹角小于 180°为 V 型(一般为 90°)，等于 180°为对置式，所有汽缸排成一列且汽缸中心线与地面垂直的称为直列式。因而该题选 C。

8. 气门叠开角的存在会造成废气倒流的现象。(　　)

【答案】错误

【解析】该题主要考查气门叠开的问题，在气门叠开时气门的开度很小，且新鲜气流和废气有各自的惯性，在短时间内不会改变流向，因而适当的气门叠开角不会出现废气倒流的现象。因而该题说法错误。

9. 四冲程发动机曲轴与凸轮轴的传动比为(　　)。

A. 1∶1　　B. 1∶2　　C. 1∶4　　D. 2∶1

【答案】D

【解析】该题应让学生明确传动比是曲轴与凸轮轴在相同时间内转过圈数的比值；四冲程发动机一个工作循环曲轴旋转两周，凸轮轴转过一周，因而传动比是 2∶1。

10. 气门锥角都是 45°。(　　)

【答案】错误

【解析】该题主要考查气门锥角的问题，气门锥角是气门顶平面与气门密封锥面之间的夹角，一般为 30°，也有 45°，因而该题说法错误。

11. 气门摇臂是以摇臂轴为支点的不等臂杠杆。(　　)

【答案】正确

【解析】气门摇臂是以中间摇臂轴为支点的杠杆，为使气门获得较大的升程，靠近气门一端要比靠近推杆一端摇臂长，因而摇臂是不等臂杠杆。

12. 如果检测汽缸压力高于标准值，一定说明汽缸密封不好。(　　)

【答案】错误

【解析】该题主要考查汽缸压力与汽缸密封性，如果检测汽缸压力高于标准值，并不一定说明汽缸密封不好，因为燃烧室内积灰过多、汽缸垫过薄或缸盖与缸体的结合面经过修理后加工过度，均会导致汽缸压缩压力过高。因而该题错误。

13. 工作次序为 1—3—4—2 的发动机，一缸做功时，四缸的工作状态(　　)。

A. 进气冲程　　B. 压缩冲程　　C. 做功冲程　　D. 排气冲程

【答案】A

【解析】该题主要考查四缸发动机工作原理，当一缸做功时，四缸发动机处在进气冲程，故选 A。

14. 汽油发动机都采用平切口连杆,柴油发动机都采用斜切口连杆。(　　)

【答案】错误

【解析】该题考查的是连杆大头的切口形式及应用。连杆切口有平切口和斜切口两种;但汽油发动机采用的是平切口连杆,柴油发动机既有平切口,又有斜切口,因而该题错误。

15. 关于可变配气相位的作用说法中,错误的是(　　)。

A. 增加燃油消耗　　B. 提高发动机动力性

C. 降低发动机排放　　D. 优化控制配气正时

【答案】A

【解析】该题主要考查可变配气相位的优点,其可以优化控制配气正时,提高发动机的动力性和经济性,改善发动机高速及低速时的性能及稳定性,降低发动机的排放。因而该题选 A。

16. 全支承曲轴的曲拐数与汽缸数的关系是(　　)。

A. 相等　　B. 汽缸数加 1　　C. 少一个　　D. 汽缸数减 1

【答案】B

【解析】全支承曲轴是指主轴颈比连杆轴颈多一个,对于直列发动机曲轴连杆轴颈与曲拐数相等;曲拐数与汽缸数相同,因为该曲轴属于全支承曲轴,因而曲拐数比汽缸数多一个。因而该题选 B。

17. 直列六缸四冲程发动机凸轮轴上同名凸轮间的位置相错(　　)。

A. 60°　　B. 90°　　C. 120°　　D. 180°

【答案】A

【解析】该题考查的是凸轮的相对角位置,因为四冲程发动机一个工作循环曲轴转两周,凸轮轴转一周,所以凸轮的相对角位置用 360°除以汽缸数。因而该题选 A。

📖 项目测评

一、填空题

1. 曲柄连杆机构的工作条件是________、________、________和________。

2. 汽缸体的结构形式有________、________、________三种。

3. 活塞与汽缸壁之间应保持一定的配合间隙,间隙过大将会产生________、________和________;间隙过小又会产生________、________。

4. 四缸四冲程发动机的做功顺序一般是________或________;六缸四冲程发动机的做功顺序一般是________或________。

5. 曲柄连杆机构的主要零件可分为________、________和________三个组。

6. 机体组包括________、________、________、________等;活塞连杆组包括________、________、________、________等;曲轴飞轮组包括________、________等。

7. 活塞销与销座及连杆小头的配合有________及________两种形式。

8. 油环的结构形式有________和________两种。

9. 气环的截面形状主要有________、________、________、________几种。

10. 汽缸套有________和________两种。

11. 气门式配气机构由________和________组成。

12. 四冲程发动机每完成一个工作循环，曲轴旋转________周，各缸的进、排气门各开启________次，此时凸轮轴旋转________周。

13. 由曲轴到凸轮轴的传动方式有________、________和________。

14. 充气效率越高，进入汽缸内的新鲜气体的量就________，发动机所发出的功率就________。

15. 凸轮轴上同一汽缸的进、排气凸轮的相对角位置与既定的________相适应。

16. 根据凸轮轴的________和同名凸轮的________可判定发动机的点火次序。

17. 在装配曲轴和凸轮轴时，必须将________对准以保证正确的________和________。

18. 气门弹簧座是通过安装在气门杆尾部的凹槽或圆孔中的________或________固定的。

19. 气门由________和________两部分组成。

20. 汽油发动机凸轮轴上的斜齿轮是用来驱动________和________的。而柴油发动机凸轮轴上的斜齿轮只是用来驱动________的。

21. 凸轮轴是否弯曲变形是以凸轮轴________对两端轴颈的________来衡量的。

22. 凸轮轴轴向间隙可用________测量，如不符合要求，可用增减________的厚度来调整。

23. 推杆的作用是将凸轮的推力传给推杆或挺柱。常用的类型有________和________。

24. 摇臂轴的作用是支撑________________。

25. 曲轴箱窜气量与发动机的________和________有关。

26. 汽缸压力高于标准值常会导致________和________等不正常燃烧情况的发生。

27. 曲轴箱窜气量大，一般是____________、____________等造成的。

28. ________是衡量发动机技术状况的综合参数。

29. 活塞工作在________、________、________和较差的润滑环境中。

30. 配气机构由________和________两部分组成。

31. 发动机汽缸盖一般有________、________和________三种结构形式。

32. 活塞环有气环和________，其作用是________、________、________、________。

33. 汽缸盖裂纹的修复方法主要有________、________、________等。

34. 汽缸体裂纹的检验方法采取________或________。

35. 活塞的基本结构可分为________、________和________三个部分。

36. 连杆大头的切口分为________和________两种；汽油发动机均采用________连杆，柴油发动机既有________，也有________连杆。

37. 常见的油环有________和________两种形式，目前广泛应用的是________。

38. 活塞检验主要进行活塞的________的检验和活塞________的检验；而非正常耗损主要进行________________。

39. 活塞环的弹力检验可以在________上进行。

40. 活塞环的三隙指________、________、________,其中背隙用环槽深度和活塞环的宽度之间的________表示。

41. 活塞销的形状有________和________两种。

42. 曲轴的检测主要包括____________________。

43. 曲轴裂纹的检验可用________、________和________。

44. 检验曲轴的弯曲应以两端主轴颈的________为基准,检查中间主轴颈的________。

45. 活塞的主要耗损形式有________、________、________、________和________等。

46. 气门弹簧座包括________和________两种。

47. 凸轮轴主要由________和________组成。

二、判断题

1. 机体组是发动机的支架,是各机构和系统主要零部件的装配机体。(　　)

2. 在维修作业中,同一台发动机的各缸活塞可以互换。(　　)

3. 四冲程直列六缸发动机发火间隔角为360°/6=60°。(　　)

4. 汽缸盖下平面的平面度误差,每50 mm×50 mm范围内不大于0.05 mm,整个平面的平面度误差不大于0.20 mm。(　　)

5. 单缸发动机曲轴只有一个曲拐。(　　)

6. 汽油发动机都采用平切口连杆,柴油发动机都采用斜切口连杆。(　　)

7. 多缸直列式发动机的曲拐数是汽缸数的一半。(　　)

8. V型发动机曲轴的曲拐数与汽缸数相等。(　　)

9. 发动机大修时必须更换汽缸垫。(　　)

10. 四冲程直列四缸发动机的四个曲拐在同一平面内。(　　)

11. 活塞销的主要耗损形式是磨损。(　　)

12. 连杆轴颈是曲轴的支承点。(　　)

13. 曲轴上可以有两处轴向定位。(　　)

14. 在更换飞轮或齿圈、离合器压盘或总成后,应进行动平衡试验。(　　)

15. 活塞在汽缸全行程内做的是匀速运动。(　　)

16. 直列发动机的连杆轴颈与汽缸数相同,V型发动机连杆轴颈数是汽缸数的一半。(　　)

17. 气门叠开角的存在会造成废气倒流的现象。(　　)

18. 气门锥角都是45°。(　　)

19. 气门和气门座经过修理后,都要进行密封性检验。(　　)

20. 凸轮轴分为进气凸轮和排气凸轮两种。(　　)

21. 六缸发动机中同名凸轮间的位置相差60°。(　　)

22. 下置式凸轮轴和中置式凸轮轴多采用正时齿轮驱动。(　　)

23. 普通挺柱的发动机必须有调整气门间隙的措施。(　　)

24. 气门摇臂是以摇臂轴为支点的不等臂杠杆。(　　)

25. 车用汽车发动机每缸压力与各缸平均压力差,汽油发动机不大于10%,柴油发动

机不大于 8%。 ( )

26. 如果检测汽缸压力高于标准值,一定说明汽缸密封不好。 ( )

27. 测量发动机真空度时,应使发动机怠速运转,变速器处于空挡位置。 ( )

三、选择题

1. CA6102 型汽车发动机采用的是________。 ( )

A. 干式缸套　B. 湿式缸套　C. 无缸套结构　D. 有缸套结构

2. 曲轴上的平衡重一般设在________。 ( )

A. 曲轴前端　B. 曲轴后端　C. 曲柄上　D. 曲柄下

3. 曲轴后端的回油螺纹的旋向应该是________。 ( )

A. 与曲轴转动方向相同　B. 与曲轴转动方向相反

C. 与曲轴轴线方向相反　D. 与曲轴轴线方向相同

4. CA1092 型汽车发动机支承采用的是________。 ( )

A. 前一后二支承　B. 前二后一支承

C. 前二后二支承　D. 都不对

5. YC6105QC 型柴油发动机连杆与连杆盖的定位采用________。 ( )

A. 连杆螺栓本身　B. 定位套筒　C. 止口　D. 锯齿定位

6. 外圆切槽的扭曲环安装时切槽________。 ( )

A. 向上　B. 向下　C. 任意

7. 曲轴轴向定位点采用的是________。 ( )

A. 一点定位　B. 二点定位　C. 三点定位

8. 设某发动机的进气提前角为 α,进气迟闭角为 β,排气提前角为 γ,排气迟闭角为 φ,则该发动机的进、排气门重叠角为________。 ( )

A. $\alpha+\varphi$　B. $\beta+\gamma$　C. $\alpha+\gamma$　D. $\beta+\varphi$

9. 排气门的锥角一般为________。 ( )

A. 30°　B. 45°　C. 60°　D. 50°

10. 四冲程四缸发动机配气机构的凸轮轴上同名凸轮中线间的夹角是________。 ( )

A. 180°　B. 60°　C. 90°　D. 120°

11. 曲轴与凸轮轴之间的传动比为________。 ( )

A. 2 : 1　B. 1 : 2　C. 1 : 1　D. 4 : 1

12. 曲轴正时齿轮一般是用________制造的。 ( )

A. 夹布胶木　B. 铸铁　C. 铝合金　D. 钢

13. 当采用双气门弹簧时,两气门的旋向________。 ( )

A. 相同　B. 相反　C. 无所谓　D. 不一定

14. 汽油发动机凸轮轴上的偏心轮是用来驱动________的。 ( )

A. 机油泵　B. 分电器

C. 汽油泵　D. 机油泵和分电器

15. 凸轮轴上凸轮的轮廓的形状取决于________。 ( )

A. 气门的升程　　B. 气门的运动规律
C. 气门的密封状况　　D. 气门的磨损规律

16. 下列关于连杆的主要耗损形式中,错误的是________。（　　）
A. 弯曲　　B. 折断　　C. 扭曲　　D. 杆套的磨损

17. 四冲程直列四缸发动机的发火间隔角为________。（　　）
A. 180°　　B. 150°　　C. 120°　　D. 90°

18. 四冲程 V 型六缸发动机的发火间隔角为________。（　　）
A. 180°　　B. 150°　　C. 120°　　D. 90°

19. 进气提前角一般为________。（　　）
A. 180°　　B. 40°~80°　　C. 45°　　D. 10°~30°

20. 为气门运动起导向作用的是气门________。（　　）
A. 头部　　B. 杆部　　C. 顶部　　D. 端部

21. 关于气门座的作用说法中,错误的是________。（　　）
A. 密封　　B. 传热　　C. 冷却　　D. 散热

22. 给气门的运动起导向作用,保证气门和气门座锥面的精确配合,并为气门杆散热的是________。（　　）
A. 气门头部　　B. 气门杆部　　C. 气门座　　D. 气门导管

23. 下列不属于气门传动组组成的是________。（　　）
A. 气门弹簧　　B. 凸轮轴　　C. 挺柱　　D. 推杆

24. 气门传动组件中最主要的零件是________。（　　）
A. 凸轮　　B. 凸轮轴　　C. 摇臂　　D. 摇臂轴

25. 气门的升程大小取决于________。（　　）
A. 凸轮轮廓　　B. 凸轮轴升程　　C. 凸根　　D. 凸顶

26. 四缸发动机中,同名凸轮相互间的位置相差________。（　　）
A. 60°　　B. 120°　　C. 90°　　D. 180°

27. 四冲程发动机曲轴与凸轮轴的传动比为________。（　　）
A. 1∶1　　B. 1∶2　　C. 1∶4　　D. 2∶1

28. 凸轮轴轴颈的圆度误差和圆柱度误差的测量工具是________。（　　）
A. 千分尺　　B. 百分尺　　C. 百分表　　D. 游标卡尺

29. 凸轮轴轴向间隙一般为________。（　　）
A. 0.25 mm　　B. 0.10 mm　　C. 0.20 mm　　D. 0.35 mm

30. 普通挺柱的圆柱面部分与导向孔的配合间隙一般为________。（　　）
A. 0.03~0.06 mm　　B. 0.15 mm　　C. 0.03~0.10 mm　　D. 0.25 mm

31. 液压挺柱与承孔的配合间隙一般为________。（　　）
A. 0.03~0.06 mm　　B. 0.01~0.04 mm　　C. 0.03~0.10 mm　　D. 0.25 mm

32. 关于可变配气相位的作用说法中,错误的是________。（　　）
A. 增加燃油消耗　　B. 提高发动机动力性
C. 降低发动机排放　　D. 优化控制配气正时

33. 保证发动机缸内压力正常并有足够的动力输出的基本条件是________。（　　）
A. 汽缸压力　B. 汽缸压缩比　C. 曲轴箱窜气量　D. 汽缸密封性
34. 下列关于直接影响汽缸密封性的因素中，错误的是________。（　　）
A. 活塞环损坏　B. 曲轴弯曲　C. 气门座损坏　D. 气门导管磨损
35. 车用汽车发动机各缸压力不小于原设计标准的________。（　　）
A. 90%　B. 85%　C. 70%　D. 50%
36. 关于测量汽缸压力时的条件，错误的是________。（　　）
A. 蓄电池电力充足　B. 清洗或更换空气滤清器
C. 转速达 800 r/min　D. 发动机温度正常
37. 四冲程发动机一个工作循环曲轴旋转两周，凸轮轴旋转________。（　　）
A. 两周　B. 一周　C. 半周　D. 四周
38. 液压挺柱长度与温度的关系是________。（　　）
A. 正比　B. 反比　C. 无关系　D. 相等
39. 气门的打开，靠________。（　　）
A. 气门传动组　B. 气门弹簧的弹力
C. 惯性力　D. 外界阻力
40. 气门的关闭，靠________。（　　）
A. 凸轮的推动力　B. 气门弹簧的弹力
C. 惯性力　D. 侧压力
41. 四冲程发动机某缸处于做功下止点时，进、排气门处于________。（　　）
A. 进气门关、排气门开　B. 进气门开、排气门开
C. 进气门关、排气门关　D. 进气门开、排气门关
42. 凸轮轴轴承和轴颈采用________。（　　）
A. 飞溅润滑　B. 压力润滑　C. 人工润滑　D. 定期润滑
43. 下列关于气门弹簧的主要耗损形式中，不正确的是________。（　　）
A. 断裂　B. 歪斜　C. 磨损　D. 弹性减弱
44. 排气迟后角为________。（　　）
A. 40°~80°　B. 10°~30°　C. 30°~80°　D. 30°~60°
45. 活塞处于压缩上止点位置，汽缸压缩压力一般为________。（　　）
A. 0.4 MPa　B. 0.6~0.8 MPa　C. 250 kPa　D. 100 kPa
46. 一般海拔增加 1 000 m，真空度将减少________。（　　）
A. 1 000 kPa　B. 100 kPa　C. 10 kPa　D. 1 kPa
47. 测量发动机进气管真空度时，发动机应处于________。（　　）
A. 低温　B. 高温　C. 正常工作温度　D. 常温
48. 全支承曲轴的曲拐数与汽缸数关系是________。（　　）
A. 相等　B. 汽缸数加 1　C. 少一个　D. 汽缸数减 1
49. V 型发动机曲轴的曲拐数等于________。（　　）
A. 汽缸数　B. 汽缸数的一半

C. 汽缸数的一半加 1　　D. 汽缸数加 1

50. 凸轮轴上凸轮的轮廓形状取决于________。（　）

A. 气门的升程　　B. 气门的运动规律

C. 气门的密封状况　　D. 气门的磨损规律

51. 采用可变配气相位的目的是________。（　）

A. 提高充气效率　　B. 提高进气时间

C. 减少污染　　D. 便于排气

52. 活塞最大的磨损部位是________。（　）

A. 活塞环槽　　B. 活塞销座孔　　C. 活塞裙部　　D. 活塞顶部

53. 四冲程直列六缸发动机凸轮轴上同名凸轮间的位置相错________。（　）

A. 60°　　B. 90°　　C. 120°　　D. 180°

54. V 型发动机两列汽缸中心线的夹角________。（　）

A. $\gamma>180°$　　B. $\gamma=180°$　　C. $\gamma<180°$　　D. $\gamma=360°$

55. 关于四冲程汽油发动机燃烧室形状的说法中，不正确的是________。（　）

A. 平顶　　B. 楔形　　C. 半球形　　D. 盆形

56. 下列不属于机体组零件的是________。（　）

A. 汽缸盖　　B. 汽缸体　　C. 连杆　　D. 汽缸垫

57. 下列关于活塞连杆组成中，错误的是________。（　）

A. 活塞　　B. 曲轴　　C. 连杆　　D. 活塞环

58. 下列属于曲轴飞轮组的项是________。（　）

A. 飞轮　　B. 离合器　　C. 变速器　　D. 汽缸体

59. 用来封闭汽缸顶部，并与活塞顶和汽缸壁一起构成燃烧室的是________。

（　）

A. 汽缸体　　B. 汽缸盖　　C. 连杆　　D. 活塞环

60. 切诺基轿车发动机采用的燃烧室为________。（　）

A. 半球形　　B. 楔形　　C. 盆形　　D. 三角形

61. 捷达和奥迪轿车发动机采用的燃烧室为________。（　）

A. 半球形　　B. 楔形　　C. 盆形　　D. 三角形

62. 汽缸体受力和受热不大的部位出现裂纹可采用的修复方法是________。（　）

A. 胶黏法　　B. 焊接法　　C. 堵漏法　　D. 黏结法

63. 汽缸体受力和受热较大部位出现裂纹可采用的修复方法是________。（　）

A. 胶黏法　　B. 焊接法　　C. 堵漏法　　D. 黏结法

64. 用来储存机油和封闭机体或曲轴箱的是________。（　）

A. 油底壳　　B. 汽缸盖　　C. 活塞　　D. 汽缸壁

65. 拆装汽缸垫时，发动机应处于________。（　）

A. 热态　　B. 冷态　　C. 工作状态　　D. 任何时候

66. 下列关于活塞环主要耗损形式中，错误的是________。（　）

A. 磨损　　B. 弹性减弱　　C. 弯曲　　D. 折断

67. 用来连接活塞与连杆小头，将活塞承受的气体作用力传给连杆的是________。 （ ）

A. 曲轴　　B. 活塞销　　C. 活塞　　D. 连杆

68. 将活塞承受的力传给曲轴，并将活塞的往复运动转变为曲轴的旋转运动的是________。 （ ）

A. 活塞　　B. 曲轴　　C. 连杆　　D. 活塞销

四、名词解释

1. 配气相位

2. 半浮式活塞销

3. 全浮式活塞销

4. 进气提前角

5. 气门叠开

6. 气门重叠角

7. 气门锥角

8. 气门座

9. 气门间隙

五、简答题

1. 曲柄连杆机构的功用是什么？由哪几部分零件组成？

2. 配气机构的作用是什么？顶置式配气机构和侧置式配气机构分别由哪些零件组成？

3. 汽缸体的类型有哪些？

4. 如何用水压试验法检验汽缸体裂纹？

5. 汽缸垫的作用及类型各是什么？

6. 活塞的作用是什么？

7. 气环的类型有哪些？

8. 活塞环漏光度技术要求有哪些？

9. 曲轴的作用及类型各是什么？

10. 活塞连杆组拆装的注意事项有哪些？

11. 什么是全浮式活塞销和半浮式活塞销?

12. 气门锥形工作面的作用是什么?

13. 气门弹簧更换的条件有哪些?

14. 气门弹簧的作用及形状各是什么?

15. 凸轮轴损伤后对发动机造成的危害有哪些?

16. 如何检查正时齿形带的松紧度?

17. 汽缸密封性差的主要现象有哪些？

18. 如何测量进气管真空度？

19. 简述汽缸磨损的测量方法。

六、问答题

1. 活塞敲缸响的现象、原因及排除方法各是什么？

2. 以丰田卡罗拉发动机为例说明正时链条的安装步骤。

3. 简述汽缸压缩压力的检测步骤。

4. 如何正确地拆装曲柄连杆机构？

5. 飞轮的功用是什么？

6. 什么是发动机的点火顺序？什么是发动机的做功间隔角？

7. 汽油发动机的燃烧室有哪几种？有何特点？

8. 汽缸密封性检查的目的是什么？

9. 影响汽缸密封性的主要原因有哪些？

10. 汽缸密封性的检测项目有哪些？

11. 汽缸压缩压力检测用到的方法有哪些？

12. 汽缸压缩压力的检查条件是什么？

13. 汽缸压缩压力的检测步骤有哪些？

14. 曲轴为什么要进行轴向定位？怎样定位？

15. 气门顶置式配气机构的工作过程有哪些？

16. 凸轮轴的布置形式有几种？各有何优缺点？

17. 为什么在现代高速汽车发动机上凸轮轴的传动广泛采用齿形带？

18. 为什么一般在发动机的配气机构中要留气门间隙？气门间隙过大或过小对发动机工作有什么影响？

项目三　进排气系统

项目指南

1. 了解空气滤清器的种类和结构。
2. 重点掌握空气滤清器的更换方法。
3. 了解发动机尾气中有害气体的种类。
4. 掌握发动机尾气的检测方法。
5. 掌握进排气系统其他元件的结构。

重点

1. 空气滤清器的种类及结构。
2. 发动机尾气中有害气体的种类。
3. 三元催化器的作用及温度要求。

难点

1. 空气滤清器的更换方法。
2. 发动机尾气的检测方法。

项目要点

一、汽车进排气系统组成与作用

汽车进排气系统由进气管、空气滤清器、节气门、进气歧管、排气歧管、三元催化器、排气管和消音器组成。进排气系统功用有：在发动机工作循环时，不断地将新鲜空气或可燃混合气送入燃烧室，又将燃烧后的废气排到大气中，保证发动机连续运转。

二、空气滤清器的种类、方式、作用

1. 空气滤清器的种类

空气滤清器分为干式滤清器和湿式滤清器两种。

2. 空气滤清器的方式

(1)惯性式。

(2)过滤式。

(3)油浴式。

3. 空气滤清器的作用

空气滤清器装在进气管的前方，起到滤除空气中灰尘、沙粒的作用，保证汽缸中进入足量清洁的空气。

三、节气门

节气门是控制空气进入发动机的一道可控阀门，气体进入进气管后会和汽油混合成可燃混合气，从而燃烧做功。它上接空气滤清器，下接发动机缸体，被称为汽车发动机的“咽喉”。

四、空气滤清器的更换

(1)拆卸空气滤清器上的四条螺钉。

(2)拆下空气滤清器的上壳体。

(3)取出空气滤芯。

(4)清洁空气滤清器壳体。

(5)安装新的空气滤芯,安装时注意安装方向。

(6)安装空气滤清器的上壳体。

(7)用十字螺丝刀固定滤清器上的螺钉。

(8)结束任务,打扫场地。

知识点解析

1. 在下面方框内填上对应实物的名称。

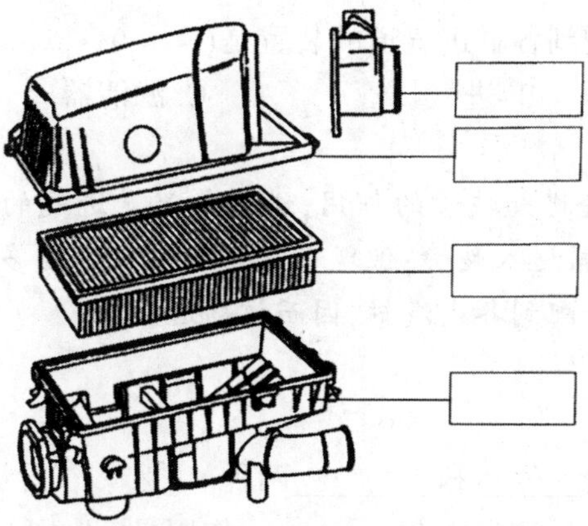

【解析】该题主要考查结构组成,从上到下依次为进气口、上壳体、滤芯、下壳体。

2. 下列关于空气滤清器的方式中,错误的是(　　)。

A. 惯性式　　B. 离心式　　C. 过滤式　　D. 油浴式

【答案】B

【解析】该题主要考查有关空气滤清器的方式。空气滤清器的方式有油浴式、惯性式、过滤式三种,应让学生与空气滤清器的类型区别开。

3. 干式滤清器主滤芯后还有一个(　　),作用是(　　)。

【解析】该题考查的是安全滤芯的有关知识,使学生明确安全滤芯位于主滤芯的后面,让学生审好题,作用应是安全滤芯的作用,而不是主滤芯的作用。因而答案是:安全滤芯,作用是在安装和更换主滤芯或主滤芯偶然损坏时防止灰尘进入发动机。

4. 四气尾气分析仪不能分析(　　)。

A. HC　　B. CO　　C. CO_2　　D. NO_x

【答案】D

【解析】该题主要考查尾气分析仪的有关知识,让学生明确四气尾气分析仪和五气尾气分析仪分析的尾气成分的区别,因为 NO_x 是五气尾气分析仪可以分析的气体成分,而四气尾气分析仪不能分析,因而该题选 D。

5. 将各缸的排气集中起来导入排气总管的是(　　)。

A. 排气管　　B. 进气歧管　　C. 排气歧管　　D. 进气道

【答案】C

【解析】该题主要考查的是尾气排放系统的知识,学生应该明白尾气是从排气管排出的,但各缸的尾气必须通过各缸的排气歧管集中后才能通过排气管排出汽缸;因而该题选C。

6. 三元催化器不能转换的气体成分是(　　)。

A. CO　　B. HC　　C. SO_2　　D. NO_x

【答案】C

【解析】该题考查的是三元催化器的知识,三元催化器中的净化剂将增强 CO、HC、NO_x 三种气体的活性,促使其进行一定的氧化还原化学反应。

7. 将洁净的空气分配到各缸进气道的装置是(　　)。

A. 进气管　　B. 进气歧管　　C. 滤清器　　D. 进气道

【答案】B

【解析】该题主要考查进气歧管的作用,进气管只是进气的一个总管道,如果是单缸发动机,进气管把气体直接送入歧管;但现在汽车发动机都是多缸发动机,气体进入进气管后还要经过进气歧管分配到各个汽缸,因而该题选 B。

项目测评

一、填空题

1. 空气滤清器分为________和________两种。

2. 干式滤清器主滤芯后还有一个________,作用是____________________。

3. 湿式滤清器包括________和________两种。

4. 油浴式空气滤清器一般用于________和________。

5. 空气滤清的方式包括________、________、________三种。

6. 空气滤清器装在________的前方,作用是____________________。

7. 节气门是控制空气进入汽缸的一道可控阀门,它上接________,下接________。

8. 节气门有________和________两种。

9. 汽车上的进气谐波系统是利用________原理制造的,可采用________和________两种。

10. 排气歧管的设计要求是尽量________,并避免________。

11. 三元催化器可将尾气中的________、________、________等有害气体还原为无害的________、________和________。

12. 目前,汽车采用的尾气分析仪主要有________和________两种。汽车维修企业经常使用的是________。

13. 尾气分析仪主要由________、________、________、________组成。

14. 废气涡轮增压系统利用发动机的________驱动涡轮,带动同轴的________对进气________。

二、选择题

1. 将洁净的空气分配到各缸进气道的装置是________。（　　）

A. 进气管　B. 进气歧管　C. 滤清器　D. 进气道

2. 安装在汽车排气系统中最重要的机外净化装置是________。（　　）

A. 三元催化器　B. 二元催化器　C. 多元催化器　D. 氧传感器

3. 四气尾气分析仪不能分析________。（　　）

A. HC　B. CO　C. CO_2　D. NO_x

4. 五气尾气分析仪不能分析________。（　　）

A. HC　B. CO　C. NO_x　D. N_2

5. 三元催化器不能转换的气体成分是________。（　　）

A. CO　B. HC　C. SO_2　D. NO_x

6. 下列关于空气滤清器的方式，错误的是________。（　　）

A. 惯性式　B. 离心式　C. 过滤式　D. 油浴式

7. 将各缸的排气集中起来导入排气总管的是________。（　　）

A. 排气管　B. 进气歧管　C. 排气歧管　D. 进气道

8. 汽油车排放中三种主要有害成分是________。（　　）

A. HC、NO 和硫化物　B. CO_2、CO 和 HC

C. CO、HC 和 NO_x　D. CO、HC 和碳微粒含量

9. 汽油发动机冒蓝烟的主要原因是________。（　　）

A. 混合气浓度太浓　B. 混合气浓度太稀

C. 某缸不点火　D. 烧机油太严重

10. 对装有三元催化器的汽车，以下说法正确的是________。（　　）

A. 不使用含铅汽油　B. 让个别缸不工作

C. 浓混合气下工作　D. 点火时刻应过迟

三、简答题

1. 进排气系统的作用与组成各是什么？

2. 电子节气门的工作过程是什么？

3. 三元催化器在使用中的注意事项有哪些？

4. 三元催化器使用中对温度的要求有哪些？

5. 三元催化器检查的内容包括哪些？

6. 消音器的作用及类型各是什么？

7. 检测尾气时，对车辆的要求有哪些？

8. 涡轮增压发动机的性能优势及需要克服的困难各是什么？

四、问答题

1. 以科鲁兹轿车为例试述空气滤清器的更换步骤。

2. 尾气检测的注意事项有哪些?

3. 发动机尾气排放检测的准备工作有哪些?

4. 三元催化器对哪些有毒气体进行了转换?

项目四　燃油供给系统

项目指南

1. 了解燃油供给系统的工作原理。
2. 了解燃油供给系统的结构。
3. 掌握燃油供给系统的燃油供给路线。
4. 重点掌握喷油器的清洗和更换方法。
5. 掌握燃油压力的测定方法。

重点

1. 燃油供给系统的结构及工作原理。
2. 燃油滤清器的结构和作用。
3. 喷油器的结构、要求及类型。

难点

1. 喷油器的清洗和更换方法。
2. 燃油压力的测定方法。

项目要点

一、燃油供给系统的组成与功用

燃油供给系统由油箱、燃油泵、燃油滤清器、燃油压力调节器、喷油器等组成。燃油供给系统的功用是用电动汽油泵向喷油器提供足够压力的燃油，喷油器根据来自 ECU 的控制信号，向发动机喷射定量的燃油。

二、喷油器清洗机的结构及作用

喷油器清洗机由分油器、喷油嘴及驱动线、玻璃管、显示器、工作台、超声波清洗槽等组成。

喷油器清洗机具有超声波清洗、测试、喷油量检测、检漏反冲、加速检测、变速检测、单点喷射检测、免拆清洗、模拟工况检测、脉冲喷油检测等功能。

三、检查、清洗或更换喷油器的步骤

(1)燃油系统泄压。

(2)断开喷油器连接器。

(3)断开进油管。

(4)拆卸燃油导轨。

(5)取出燃油导轨。

(6)堵住喷油座孔。

(7)进油管插入堵头。

(8)取下喷油器。

(9)安装喷油器。

(10)安装燃油导轨。

(11)连接进油管。

(12)连接电插头。

(13)喷油检测。

(14)泄油。

(15)按拆卸的相反方向进行操作和安装。

(16)结束任务。

四、桑塔纳轿车燃油压力的测定

(1)燃油系统泄压。

(2)拆卸发动机罩。

(3)拆下进油管与燃油分配器的接头。

(4)连接燃油压力表。

(5)打开油路开关。

(6)观察怠速时燃油压力表的指示值。

(7)拔下燃油压力调节器上的真空软管,观察燃油压力表的指示值。

(8)安装好燃油压力调节器上的真空软管,观察燃油压力表的指示值。

(9)关闭发动机,将燃油压力表管路中的开关关闭。

(10)继续观察燃油压力表压力。

(11)按安装燃油管的反方向安装燃油管路及发动机罩盖。

(12)结束任务。

知识点解析

1. 单点喷射系统只有一个喷油器。(　　)

【答案】错误

【解析】该题主要考查单点喷射系统中喷油器的数量,学生一般会理解成单点喷射系统只有一个喷油器;其实多缸发动机也有采用两个喷油器,两个喷油器交替工作可以延长喷油器的使用寿命。因而该题说法错误。

2. 多点喷射系统的性能比单点喷射系统的性能好。(　　)

【答案】正确

【解析】该题主要考查多点喷射系统与单点喷射系统的优缺点。多点喷射系统能保证各缸混合气均匀,刚好弥补单点喷射系统各缸混合气分配不均匀的问题;因而多点喷射系统的性能比单点喷射系统的性能好,所以该题正确。

3. 氧传感器位于进气总管上。(　　)

【答案】错误

【解析】该题是考查氧传感器的作用及位置,氧传感器是用来检测排气中的氧含量的,因而应该装在排气管内;所以该题说法错误。

4. 当起动开关接通,且发动机转速低于 300 r/min 时,电脑才能判定发动机处于起动状态。(　　)

【答案】正确

【解析】该题主要考查电脑判断发动机是否处于起动状态的条件，只有起动开关接通并且发动机转速低于 300 r/min 时，电脑即判定发动机处于起动状态。因而该题说法正确。

5. 可以提供燃油喷射所需要的压力燃油的是(　　)。

A. 喷油器　　B. 传感器　　C. 电脑　　D. 电动燃油泵

【答案】D

【解析】该题主要考查燃油泵的作用，电动燃油泵可以提供燃油喷射所需要的压力燃油；而喷油器是向外喷射燃油。因而该题选 D。

6. 燃油系统泄压使发动机应处于起动状态。(　　)

【答案】错误

【解析】对燃油系统泄压时，应先拆下油泵保险，后起动发动机运转直到熄火；而不是使发动机处于起动状态。因而该题说法错误。

7. 燃油压力调节器调压的范围一般是(　　)。

A. 200~350 kPa　　B. 250 kPa　　C. 400 kPa　　D. 600 kPa

【答案】A

【解析】该题考查的是燃油压力调节器的作用，即使分配管内的油压与进气管内的气压压力差保持恒定，一般为 250 kPa，故分配管内油压变化范围为 200~350 kPa。而该题考查的是调节范围。因而应选 B。

8. 下列关于电控柴油喷射系统组成中，错误的是(　　)。

A. 传感器　　B. 执行器　　C. 电控单元　　D. 点火器

【答案】D

【解析】该题考查的是电控燃油喷射系统的组成，电控柴油发动机和汽油发动机燃油喷射系统都是由传感器、电控单元、执行器三部分组成的。因而该题选 D。

9. 电子控制燃油喷射系统的喷油量通过(　　)控制。

A. 发动机转速　　B. 电脑　　C. 喷油器　　D. 发动机负荷

【答案】B

【解析】该题主要考查燃油喷射系统喷油量的控制方式，传统燃油喷射系统喷油量与发动机的转速和负荷有关系，而电控燃油喷射系统的喷油量主要由电脑控制。因而该题选 B。

10. 电脑进入溢油消除状态的条件是________。

【解析】该题考查的是溢油消除状态的知识，电脑只有在点火开关、发动机转速及节气门位置同时满足以下条件时，才能进入溢油消除状态。即点火开关处于起动位置，发动机转速低于 500 r/min，节气门全开等三个条件。

11. 纸质滤芯每行驶________或________应更换。

【答案】2 万~4 万 km 或 1~2 年

【解析】该题考查的是汽油滤清器纸质滤芯的更换，可以按里程或时间进行更换。按里程是 2 万~4 万 km，按时间是 1~2 年；在实际运用当中，应根据时间或里程哪个先到就更换的原则。

12. 目前,用于电子控制汽油喷射系统进行反馈控制的传感器是(　　),它安装在发动机(　　)上。

【答案】氧化传感器,排气管

【解析】该题考查的是关于闭环控制所采用的传感器,目前用于电子控制汽油喷射系统进行反馈控制的传感器是氧化传感器;它安装在排气管上。

13. 单点喷射系统存在各缸混合气分配不均匀的问题。(　　)

【答案】正确

【解析】该题考查的是单点喷射系统的缺点。由于单点喷射系统将喷油器安装在进气总管内,采用一个或两个喷油器;在进气总管内形成的混合气再经过进气歧管进入各个汽缸,因而易造成进入各缸混合气不均匀的问题。因而该题说法正确。

14. 多点喷射系统能保证各缸混合气均匀。(　　)

【答案】正确

【解析】该题考查的是关于多点喷射系统的问题。多点喷射系统是在每一个汽缸的进气门前或汽缸内均安装一个喷油器,使空气和燃油在进气门附近形成混合气,能较好地保证各缸混合气均匀。因而该题说法正确。

15. 由于二次喷油,使燃油不能完全燃烧,下列说法错误的是(　　)。

A. 机油消耗增加　　B. 增加烟度和 HC 排放

C. 油耗增加　　D. 燃油不完全燃烧

【答案】A

【解析】该题主要考查的是由于二次喷油现象而使燃油不能完全燃烧,从而造成排烟度、HC 和油耗增加,燃油不完全燃烧。因而该题选 A。

项目测评

一、填空题

1. 汽车燃油箱是使汽车连续运动而________的容器,燃油泵内置在________里面。

2. 燃油箱一般位于________下面。

3. 有些汽车上使用的是________油箱。

4. 纸质滤芯由________制成,具有________、________、________等优点,因此得到了广泛应用。

5. 纸质滤芯每行驶________或________应更换,安装时应注意________的箭头。

6. 柴油滤清器的滤芯多采用________,也有采用毛毡或高分子材料。

7. 单点喷射的喷油器安装在________内。缺点是________________。

8. 多点喷射系统的优点是________________________________。

9. 喷油器一般采用________进油式,即进油口设在喷油器的________。

10. 电子控制燃油喷射系统的喷油量由电脑控制,其控制方式大致可分为________、________、________和________等几种。

11. 目前,用于电子控制汽油喷射系统进行反馈控制的传感器是________。它安装在发动机________上。

12. 燃油压力调节器的膜片把金属壳体组成的内腔分为________和________两部分。

13. 现代先进的汽车柴油发动机一般采用________、________、________等技术，在重量、噪声、烟度等方面已取得重大突破。

14. 燃油供给系统由________、________、________、________、________等组成。

15. 燃油滤清器分为________和________两种。

16. 喷油器按数量分为________和________两种。

17. 喷油器清洗机由________、________、________、________、________等组成。

18. 燃油油泵按结构不同可分为________、________、________和________等。

19. 叶片式燃油泵主要由________、________、________、________、________、________、________、________等组成。

20. 燃油压力调节器由________、________、________、________、________、________、________、________等组成。

21. 高压共轨式电控燃油喷射系统主要由________、________、________、________、________等组成。

二、判断题

1. 单点喷射系统只有一个喷油器。（ ）

2. 多点喷射系统的性能比单点喷射系统的性能好。（ ）

3. 当起动开关接通，且发动机转速低于 300 r/min 时，电脑判定发动机处于怠速状态。（ ）

4. 在电控喷射方面，汽油发动机的电控系统只是控制空燃比。（ ）

5. 汽油滤清器滤芯多采用高分子材料制成。（ ）

6. 单点喷射系统存在各缸混合气分配不均匀的问题。（ ）

7. 多点喷射系统能保证各缸混合气均匀。（ ）

8. 氧传感器位于进气总管上。（ ）

9. 多点喷射系统的喷油器都安装在汽缸内。（ ）

10. 只要点火开关处于起动状态，电脑就能进入溢油消除状态。（ ）

11. 共轨技术是将喷射压力的产生和喷射过程彼此分开的一种供油方式。（ ）

12. 喷油器都是采用上部进油式。（ ）

13. 当起动开关接通，且发动机转速低于 300 r/min 时，电脑才能判定发动机处于起动状态。（ ）

14. 开环控制方式对控制的结果不具备反馈作用。（ ）

15. 燃油系统泄压使发动机应处于起动状态。（ ）

三、选择题

1. 用来检测排气中氧分子的浓度，并将其转换成电压或电阻信号的装置是________。（ ）

A. 氧气传感器　　B. 温度传感器

C. 进气量传感器　　D. 车速传感器

2. 可以提供燃油喷射所需要的压力燃油的是________。（ ）

A. 喷油器 B. 传感器 C. 电脑 D. 电动燃油泵

3. 燃油泵停止工作时，防止燃油回流，从而使燃油系统保持一定压力的是________。 ( )

A. 进油阀 B. 单向出油阀 C. 限压阀 D. 空气阀

4. 当燃油压力过高时，部分燃油从________流出，从而达到泄压的目的。 ( )

A. 泄压阀 B. 进油阀 C. 限压阀 D. 空气阀

5. 燃油压力调节器调压的范围是________。 ( )

A. 200~350 kPa B. 250 kPa C. 400 kPa D. 600 kPa

6. 减小在喷油器喷油时油路中的油压可能会产生的微小波动，使系统压力保持稳定的是________。 ( )

A. 油压传感器 B. 执行器 C. 脉动阻尼器 D. 喷油器

7. 下列关于电子控制柴油喷射系统组成中，错误的是________。 ( )

A. 传感器 B. 执行器 C. 电控单元 D. 点火器

8. 由于二次喷油，使燃油不能完全燃烧，下列说法错误的是________。 ( )

A. 机油消耗增加 B. 增加烟度和 HC 排放

C. 油耗增加 D. 燃油不完全燃烧

9. 用于电子控制汽油喷射系统进行反馈控制的氧传感器位于________。 ( )

A. 进气管 B. 进气歧管 C. 排气管 D. 汽缸内

10. 电子控制燃油喷射系统的喷油量通过________控制。 ( )

A. 发动机转速 B. 电脑 C. 喷油器 D. 发动机负荷

11. 电脑判断发动机处于起动状态的发动机转速是低于________。 ( )

A. 300 r/min B. 400 r/min C. 500 r/min D. 600 r/min

12. 调节燃油管路中燃油压力的部件是________。 ( )

A. 燃油轨 B. 燃油压力调节器

C. 电动燃油泵 D. 电脑

四、名词解释

1. 多点喷射系统

2. 断油控制

3. 开环控制

4. 闭环控制

5. 共轨技术

五、简答题

1. 燃油供给系统的作用与组成各是什么？

2. 燃油滤清器的作用及类型各是什么？

3. 对喷油器的要求有哪些？

4. 喷油器的类型有哪些？

5. 如何对燃油系统泄压？

6. 电脑进入溢油消除状态的条件是什么？

7. 燃油压力调节器的作用是什么？

8. 高压共轨技术的优点有哪些？

六、问答题

1. 喷油嘴清洗检测仪的作用及功能各是什么？

2. 喷油器检测和清洗的步骤是什么？

3. 以桑塔纳轿车为例说明燃油压力测定的方法步骤。

4. 燃油压力调节器的作用是什么？

七、识图题

1. 下图为在喷油器清洗机上检测的 6 个喷油器。根据其喷射的燃油的形状及雾化程度判断它们的工作状态是否良好。

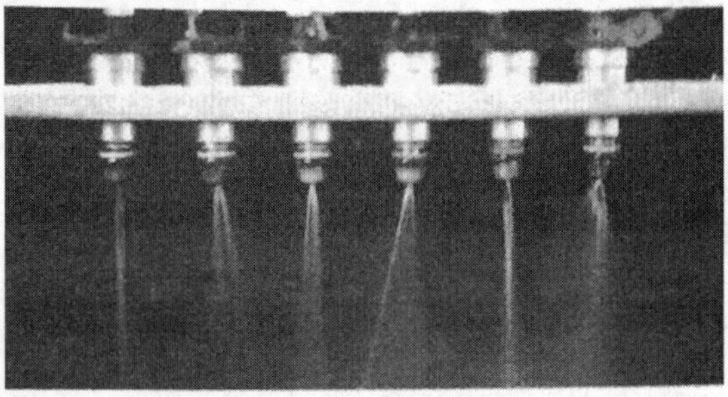

2. 在下面方框内填上相应的名称。

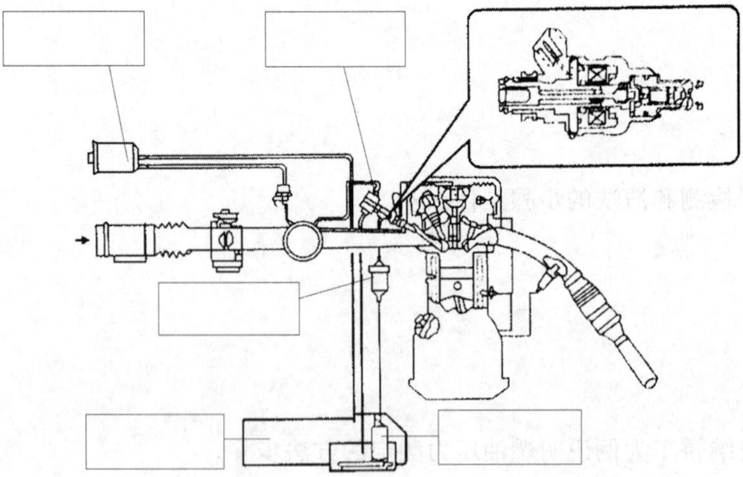

项目五　冷却系统

项目指南

1. 了解冷却系统的作用、组成和分类。
2. 掌握水箱、水泵和节温器的结构。
3. 掌握冷却水的大、小循环路线。
4. 重点掌握冷却液的检查方法。
5. 重点掌握节温器的检查和更换方法。
6. 重点掌握冷却液的配置和更换标准。

重点

1. 冷却液的作用、组成和类型。
2. 水箱、水泵和节温器的构造。
3. 冷却水大、小循环路线。

难点

1. 冷却液的检查方法。
2. 节温器的检查与更换方法。
3. 冷却液的检查和更换方法。

项目要点

一、冷却系统的分类、组成和作用

(1)汽车发动机冷却系统分为水冷式和风冷式两种。水冷式发动机以冷却液为冷却介质,汽车上目前多用此冷却方式。风冷式发动机以空气为冷却介质,在汽车市场上基本被淘汰。书中提到的发动机冷却均指的是水冷式。

(2)汽车发动机冷却系统由散热器、水泵、节温器、冷却风扇、储液罐(也叫膨胀箱或者补偿水箱)等组成。

(3)汽车发动机冷却系统的作用是避免发动机过热或者过冷,使发动机在适宜的温度范围内工作。发动机过热,充气效率下降,早燃和爆燃倾向加大,发动机功率下降;零件间间隙变小,导致不能正常运动,甚至卡死、损坏;润滑油黏度减小,使零件磨损加剧。发动机过冷,进入汽缸的混合气或空气温度低而点燃困难,造成发动机功率下降、油耗上升;润滑油黏度增大,零件磨损加剧。

二、雪佛兰科鲁兹轿车冷却液的更换

(1)打开散热器盖。

(2)举升车辆。

(3)放出冷却液。

(4)安装散热器下水室的软管。

(5)加注新的冷却液。

(6)盖上散热器盖。
(7)起动发动机并暖机。
(8)小心开启散热器盖。
(9)检查冷却液液位。
(10)检查冷却系统是否有泄漏。
(11)结束任务。

三、检查更换节温器的步骤

(1)排放冷却液。
(2)拆卸蓄电池负极。
(3)拆卸发电机传动带。
(4)拆卸发电机。
(5)从支架上取出发电机。
(6)拆卸发电机上的线束。
(7)拆卸节温器盖。
(8)取出节温器。
(9)检查节温器。
(10)安装节温器。
(11)安装节温器盖、发电机与蓄电池负极。
(12)加注冷却液。
(13)结束任务。

知识点解析

1. 冷却液应该定期更换。(　　)

【答案】正确

【解析】该题考查的是冷却系统在不发生泄漏的前提下,冷却液对于温度的控制基本不会变,但由于添加剂失效,特别是抗泡沫添加剂,在水泵叶轮的搅动下会使冷却液产生气泡,此气泡会大大减弱冷却液的效果。所以,冷却液最好能按期更换。

2. 冷却液配置可以使用井水。(　　)

【答案】错误

【解析】该题考查的是冷却液中的水为蒸馏水,即水中不含有铁、钙、镁等离子。如使用未经处理的井水、河水、泉水等,经发动机加热蒸发后,就会产生碳酸钙、硫酸钙等化合物,沉淀下来形成水垢。而水,一方面是热的不良导体,另一方面当水垢增加到一定程度时,就会使管路变窄,水的流量随之减少影响发动机散热,造成发动机过热。

3. 目前汽车上应用最多的冷却方式是(　　)。

A. 风冷式　　B. 水冷式　　C. 油冷式　　D. 风、油两用

【答案】B

【解析】该题主要考查汽车发动机的冷却方式,由于水冷式以冷却液为冷却介质,冷却效果好,有利于保持发动机稳定的工作温度,因而应用广泛。所以该题选 B。

4. 水冷式发动机的冷却介质是(　　)。

A. 风　　B. 水　　C. 冷却液　　D. 油

【答案】C

【解析】该题主要考查发动机的冷却介质，发动机的冷却方式有水冷式和风冷式两种；风冷式发动机以自然风为冷却介质；水冷式发动机以冷却液为冷却介质。所以该题选C。

5. 下列关于冷却液的作用中，错误的是(　　)。

A. 防冻　　B. 抑制泡沫　　C. 提高工作温度　　D. 防锈蚀

【答案】C

【解析】该题考查的是冷却液的作用，水冷式发动机冷却液的作用有冷却、防冻、防锈蚀、抑制泡沫产生等；它通过冷却可以稳定发动机的工作温度，因而选C。

6. 为使多缸发动机各缸冷却均匀而设置(　　)。

A. 水套　　B. 节温器　　C. 水泵　　D. 分水管

【答案】D

【解析】该题考查的是分水管的作用，分水管的作用是使多缸发动机各缸冷却均匀。因而该题选D。

7. 冷却系统最常见且危害最严重的故障是(　　)。

A. 水温过高　　B. 内漏　　C. 水温过低　　D. 外漏

【答案】A

【解析】该题考查的是冷却系统的常见故障，其故障主要包括冷却液泄漏(内漏、外漏)，水温不正常(水温过高、水温过低)；其中水温过高最常见且危害最严重。因而该题选A。

8. 检查冷却液的液面，应在发动机________的情况下进行。(　　)

A. 热态　　B. 冷态　　C. 工作状态　　D. 任意条件

【答案】B

【解析】该题主要考查发动机冷却液液面的检查，发动机过热时，冷却液的液面会大大提高，不能反映冷却液的量。因而检查冷却液的液面，应在发动机冷却的情况下进行。

9. 冷却系统中可以增大散热面积，加速水的冷却的是(　　)。

A. 散热器　　B. 散热器盖　　C. 水泵　　D. 风扇

【答案】A

【解析】该题考查的是散热器的作用，冷却系统中只有散热器能增大散热面积，加速水的冷却。因而该题选A。

10. 发动机机体内储存冷却水、控制冷却水流量和流向的装置是(　　)。

A. 水箱　　B. 水泵　　C. 水套　　D. 散热器

【答案】C

【解析】该题考查的是关于水套的有关知识；在发动机机体内，水套是用来储存冷却水、控制冷却水流量和流向的装置。因而该题选C。

11. 目前，汽车上应用最多的节温器是(　　)。

A. 单阀式节温器　　B. 蜡式节温器　　C. 油压式节温器　　D. 水冷式节温器

【答案】B

【解析】该题考查的是节温器的应用,蜡式节温器包括双网式和单阀式,目前轿车上普遍采用的是蜡式节温器。因而该题选 B。

12. 以下水源中属于软水的是(　　)。

A. 地下水　　B. 井水　　C. 泉水　　D. 雪水

【答案】D

【解析】该题考查的是软水的内容,软水是不含或含有少量钙、铁、镁等离子的水。地下水、井水、泉水里面都含有一定量的矿物质。因而该题选 D。

13. 水冷式发动机散热是靠发动机的(　　)。

A. 水套　　B. 水泵　　C. 散热器　　D. 分水管

【答案】C

【解析】该题考查的是发动机的散热装置,选项中水套是储存作用,水泵是对冷却水加压,分水管起分配冷却液的作用。因而该题选 C。

14. 散热器盖上设置空气阀和蒸汽阀,是两个在弹簧作用下处于常闭状态的单向阀。(　　)。

【答案】正确

【解析】该题考查的是散热器盖的构造,散热器在工作时可能会形成蒸汽和真空,因而设置空气阀和蒸汽阀;只有散热器需要排出蒸汽和进入空气时,这两个阀门才打开,平时处于关闭状态。因而该题说法正确。

15. 不同比例的水和乙二醇混合而成的冷却液的冰点都相同。(　　)

【答案】错误

【解析】因为冷却液的核心成分是乙二醇,它可以减低冷却液冰点和提高冷却液沸点,所以冷却液中乙二醇含量不同,其冰点是不一样的。因而该题说法错误。

16. 散热器盖上设置空气阀和蒸汽阀,是两个在弹簧作用下处于常闭状态的单向阀。(　)

【答案】正确

【解析】因为散热器内温度升高时,使冷却液压力升高而高于外界气压,此时蒸汽阀打开使部分蒸汽放出,避免了水箱被胀破;当水温下降时,使水箱内形成真空,此时空气阀打开,空气被吸入水箱,防止水箱被吸瘪。这两个阀网门始终在弹簧作用下处于关闭状态。因而该题说法正确。

17. 散热器按冷却液流动方向可分为________和________两种。

【答案】纵流式和横流式

【解析】该题考查的是散热器的类型,由于散热管在散热器上有纵向和横向两种,因而冷却液流动也是按这两个方向;由此将散热器分为纵流式和横流式两种。

18. 现代汽车发动机上应用最普遍的是________水冷却系统。

【答案】强制循环式

【解析】该题考查的是水冷却系统的类型,冷却系统包括水冷和风冷两种;其中汽车发动机用的最多的是水冷却系统,它可分为强制循环式水冷却系统、自燃循环式水冷却系统和蒸发式水冷却系统。其中用的最多的是强制循环式水冷却系统。

项目测评

一、填空题

1. 现代汽车发动机上应用最普遍的是________水冷却系统。根据冷却介质不同，发动机的冷却方式有________和________两大类。

2. 强制冷却水在发动机内进行循环的装置是________。

3. 桑塔纳系列轿车发动机采用________节温器。

4. 发动机冷却系统由________、________、________、________、________等部分组成。

5. 发动机冷却液由________、________、________、________组成。

6. 散热器由________、________、________组成。

7. 散热器按冷却液流动方向可分为________和________两种。

8. 散热器按散热器芯的构造形式分为________、________、________三种。

9. 冷却风扇一般安装在________和________中间，其作用是________________。

10. 电动风扇分为________和________两种。

11. 余热供暖系统可分为________和________两种。

12. 水暖式加热装置有________和________两种，现代汽车多用________。

13. 蜡式节温器主要由________、________、________、________、________和________组成。

二、选择题

1. 冷却液温度传感器信号故障时，通常按冷却温度为________控制发动机工作，防止混合气过浓或过稀。 ( )

A. 30 ℃　　B. 50 ℃　　C. 70 ℃　　D. 80 ℃

2. 进气温度传感器信号故障时，通常按进气温度________控制发动机工作，防止混合气过浓或过稀。 ( )

A. 20 ℃　　B. 30 ℃　　C. 40 ℃　　D. 50 ℃

3. 发动机的正常工作温度应在水温表________。 ( )

A. 30°~40°　　B. 60°~70°　　C. 80°~90°　　D. 低于100°

4. 水冷却系统中，冷却水的大小循环路线由________控制。 ( )

A. 风扇　　B. 百叶窗　　C. 节温器　　D. 分水管

5. 在发动机上拆除原有节温器，则发动机工作时冷却水________。 ( )

A. 只有大循环　　B. 只有小循环

C. 大、小循环同时存在　　D. 冷却水将不循环

6. 为使多缸发动机各缸冷却均匀而设置________。 ( )

A. 水套　　B. 节温器　　C. 水泵　　D. 分水管

7. 具有防止冷却液过早沸腾的附加作用的装置是________。 ( )

A. 节温器　　B. 防冻剂　　C. 水箱盖　　D. 风扇

8. 为防止水箱内冷却液膨胀溢出而在水箱上设置________。 ( )

A. 水箱盖　　B. 溢流管　　C. 副水箱　　D. 压力阀

9. 对冷却液加压，使之在冷却系统中加速循环流动的装置是________。（　　）

A. 风扇　　B. 水泵　　C. 节温器　　D. 离合器

10. 冷却系统中可以增大散热面积，加速水冷却的是________。（　　）

A. 散热器　　B. 散热器盖　　C. 水泵　　D. 风扇

11. 将冷却水所带的热量散入大气，以保证发动机的正常工作温度的装置是________。（　　）

A. 风扇　　B. 水泵　　C. 节温器　　D. 散热器

12. 冷却系统最常见且危害最严重的故障是________。（　　）

A. 水温过高　　B. 内漏　　C. 水温过低　　D. 外漏

13. 发动机机体内储存冷却水、控制冷却水流量和流向的装置是________。（　　）

A. 水箱　　B. 水泵　　C. 水套　　D. 散热器

14. 密封冷却系统并调节系统的故障压力的是________。（　　）

A. 散热器盖　　B. 散热器　　C. 水泵　　D. 风扇

15. 使冷却水在散热器和水套间循环的水泵旋转部件是________。（　　）

A. 风扇　　B. 水泵　　C. 叶轮　　D. 泵轴

16. 检查冷却液的液面，应在发动机________的情况下进行。（　　）

A. 热态　　B. 冷态　　C. 工作状态　　D. 任意条件

17. 目前，轿车上普遍使用________供暖系统。（　　）

A. 气暖式　　B. 风暖式　　C. 水暖式　　D. 油暖式

18. 目前，汽车上应用最多的节温器是________。（　　）

A. 单阀式节温器　　B. 蜡式节温器

C. 油压式节温器　　D. 水冷式节温器

19. 现代汽车发动机水泵为________。（　　）

A. 机械式水泵　　B. 膜片式水泵　　C. 离心式水泵　　D. 转子式水泵

20. 发动机冷却系统的主要作用是________。（　　）

A. 降低其温度　　B. 保持其温度　　C. 提高其温度　　D. 使其冷却

21. 以下水源中属于软水的是________。（　　）

A. 地下水　　B. 井水　　C. 泉水　　D. 雪水

22. 水冷式发动机散热是靠发动机的________。（　　）

A. 水套　　B. 水泵　　C. 散热器　　D. 分水管

23. 1 标准大气压是________。（　　）

A. 9.8 kPa　　B. 98 kPa　　C. 980 kPa　　D. 0.98 kPa

24. 在冷却系统中，________的作用是控制流经散热器的水量的元件。（　　）

A. 节温器　　B. 水泵　　C. 旁通阀　　D. 储水罐

25. 冷却系统中提高冷却液沸点的装置是________。（　　）

A. 散热器盖　　B. 水泵　　C. 水套　　D. 百叶窗

26. 加注冷却水时，最好选择________。（　　）

A. 井水　　B. 泉水　　C. 雨雪水　　D. 开水

27. 目前,汽车上应用最多的冷却方式是________。（　　）

A. 风冷式　　B. 水冷式　　C. 油冷式　　D. 风、油两用

28. 水冷式发动机的冷却介质是________。（　　）

A. 风　　B. 水　　C. 冷却液　　D. 油

29. 下列关于冷却液的作用中,错误的是________。（　　）

A. 防冻　　B. 抑制泡沫　　C. 提高工作温度　　D. 防锈蚀

三、判断题

1. 发动机的风扇与水泵同轴,是由曲轴通过凸轮轴来驱动的。（　　）

2. 为防止发动机过热,要求其工作温度越低越好。（　　）

3. 防冻液可降低冷却水的冰点和沸点。（　　）

4. 为了保证风扇、水泵的转速,要求风扇带越紧越好。（　　）

5. 目前,汽车发动机上广泛采用的是强制循环式水冷却系统。（　　）

6. 采用水冷系统时,应使汽缸盖内的冷却水的温度达到 100 ℃。（　　）

7. 目前,汽车发动机上都是采用强制循环式水冷系统。（　　）

8. 风冷式发动机是以空气为冷却介质,目前在汽车上广泛应用。（　　）

9. 不同比例的水和乙二醇混合而成的冷却液的冰点都相同。（　　）

10. 为避免水箱内部结垢,要求使用软水作为冷却水,如条件不具备,应尽量使用雨水或雪水。（　　）

11. 散热器盖上设置空气阀和蒸汽阀,是两个在弹簧作用下处于常闭状态的单向阀。（　　）

12. 横流式散热器中的冷却液的流动方向是从上往下的。（　　）

13. 冷却液中的水为蒸馏水。（　　）

14. 轿车、载货汽车和中小型客车可以用发动机的余热供暖。（　　）

15. 节温器主阀门开启过迟会引起发动机过热。（　　）

16. 节温器主阀门开启过早,使发动机预热时间延长,发动机温度过低。（　　）

17. 普通节温器比电子节温器工作更加有效率,更加节省能耗。（　　）

18. 发动机在使用中,冷却水的温度越低越好。（　　）

19. 任何水都可以直接作为冷却水加注。（　　）

20. 在发动机热态下开启散热器盖,应缓慢旋开,使冷却系压力逐渐降低,以免被喷出的热水烫伤。（　　）

21. 蜡式节温器在使用中失灵,允许拆除节温器。（　　）

四、名词解释

1. 大循环

2. 小循环

五、简答题

1. 冷却系统的作用是什么？

2. 发动机过热或过冷的危害有哪些？

3. 风扇皮带松紧度的检测与调整方法是什么？

4. 冷却液为什么要定期更换？

5. 水套中结垢对发动机的危害有哪些？

6. 如何检查节温器的好坏？

7. 冷却液冰点的检查步骤有哪些？

8. 如何对冷却液的液位进行检查？

9. 节温器的作用是什么？

10. 冷却水的大、小循环路线是什么？

六、问答题

1. 试回答雪佛兰科鲁兹轿车冷却液的更换步骤。

2. 试回答检查更换节温器的步骤。

3. 发动机过热或过冷各有什么危害？

4. 冷却水的几种循环路线是怎样的？它们与水温有什么关系？

5. 有人因节温器出现故障导致水温过高，而不再安装节温器，试分析此方法是否可取。

6. 怎样检查节温器是否合格？

项目六　润滑系统

📖 项目指南

1. 了解润滑系统的作用。
2. 掌握润滑系统的组成、润滑方式和润滑油路。
3. 掌握润滑系统机油泵和滤清器的结构、作用和分类。
4. 重点掌握机油的更换和检查方法。
5. 重点掌握机油滤清器的更换要点。

📖 重点

1. 润滑系统的作用及组成。
2. 机油油泵和机油滤清器的结构、作用和分类。
3. 润滑方式及润滑油路。

📖 难点

1. 机油的更换和检查方法。
2. 机油滤清器的更换要点。

📖 项目要点

一、润滑系统的作用

润滑系统的作用是在摩擦表面覆盖一层润滑油，使相互运动的零件表面之间形成一层薄的润滑油膜，以减小摩擦力，降低功率损失，减轻零件磨损，延长使用寿命，即润滑作用、清洗作用、冷却作用、密封作用和防锈蚀作用。在汽车使用与保养过程中，最常见的保养项目是更换机油和机油滤清器，以提高发动机的使用寿命。

二、润滑系统的组成、润滑方式和润滑油路

(1) 发动机润滑系统主要由油底壳、机油泵、机油滤清器、集滤器、限压阀、旁通阀、油道、机油散热器、机油压力传感器、机油压力表和机油温度表等组成。

(2) 润滑方式有压力润滑、飞溅润滑、润滑脂润滑。

(3) 润滑油路见图 6-1。

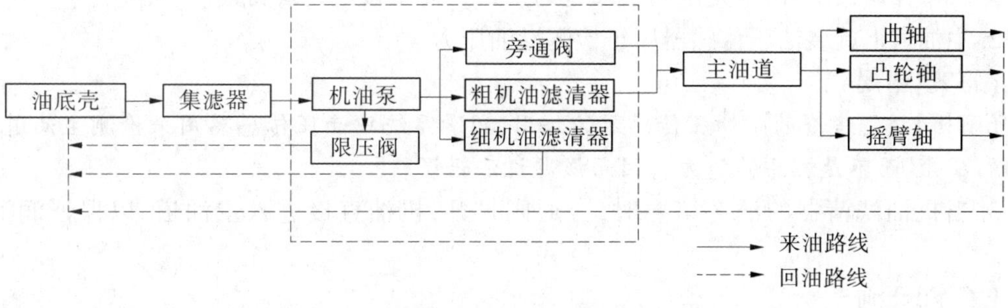

图 6-1　润滑油路

三、机油的检查和更换

1. 检查机油

将汽车停留在平地上，熄火，停留3~5 min 待绝大部分机油回到油底壳，拔出机油尺，用干净的抹布将机油擦拭干净，然后将机油尺插入发动机机油尺空内，再拔出机油尺查看机油液位，如处在最大值和最小值之间证明机油油位正常，否则证明油位异常，多去少补，然后观察机油品质，如出现机油发黑证明机油氧化严重，需进行更换。

2. 更换机油

(1)将汽车开到维修工位上。

(2)将车支起来，打开加油口，拔出机油尺。

(3)将车辆升起。

(4)拧松放油螺栓，将废机油全部放出。

(5)拧下机油滤清器，并更换新的机油滤清器。

(6)拧紧放油螺栓，将车放下。

(7)加入新的机油，拧紧加油口。

(8)将汽车起动、升起，检查放油螺栓和机油滤清器是否漏油。

(9)将车落下，汽车熄火，再次检查机油液位是否处在最佳值。

(10)结束任务，打扫场地。

四、机油滤清器的更换要点

(1)拆卸机油滤清器时，应使用滤清器扳手，防止损坏连接部位的螺纹。

(2)安装机油滤清器时，检查和清洁机油滤清器的安装面，用手在密封圈上涂一层机油，将机油滤清器拧紧后再用专用工具拧3~4圈。

(3)对于不是总成件的机油滤清器应准确安装密封垫。

(4)机油滤清器不准拧得太紧，防止损坏密封垫。

(5)滤清器更换应与机油更换同步。

知识点解析

1. 润滑系统中旁通阀的作用主要是限制主油道的油压。(　　)

【答案】错误

【解析】该题考查的是旁通阀的作用，主油道中旁通阀与机油滤清器并联，作用是当滤清器滤芯堵塞时，使机油压力升高，此时旁通阀打开，机油经过旁通阀进入主油道以保证发动机零件的润滑；而不是限制主油道的油压。因而该题说法错误。

2. 主油道上旋装油压传感器用于检测燃油压力。(　　)

【答案】错误

【解析】该题考查的是油压传感器的作用，润滑系统中油压传感器用来检测主油道中机油的压力，而不是燃油的压力。因而该题说法错误。

3. 当机油滤清器的滤芯堵塞时，旁通阀打开，机油直接进入主油道，以保证润滑。(　　)

【答案】正确

【解析】该题考查的是旁通阀的作用，主油道中旁通阀与机油滤清器并联，作用是当滤清器滤芯堵塞时,使机油压力升高,此时旁通阀打开,机油经过旁通阀进入主油道以保证发动机零件的润滑。因而该题说法正确。

4. 并联过滤式机油泵粗滤清器与细滤清器并联。(　　)

【答案】正确

【解析】该题考查的是润滑系统中粗滤清器和细滤清器的关系,二者只能是并联关系。因而该题说法正确。

5. 当机油压力高于 100 kPa 时,汽车每行驶 5 km 机油能全部通过细滤清器过滤一次。(　　)

【答案】正确

【解析】该题考查的是细机油滤清器的有关知识,学生应明确机油通过机油细滤清器过滤是有条件的,即在细滤清器前面装有限压阀,只有在机油压力高于 100 kPa 时,机油才能在汽车每行驶 5 km 就能通过机油细滤清器过滤一次。因而该题说法正确。

6. 发动机机油泵都是安装在曲轴箱内的。(　　)

【答案】错误

【解析】该题考查的是机油泵的安装位置,发动机机油泵大都位于曲轴箱内,也有些柴油发动机将机油泵装于曲轴箱外面。因而该题说法错误。

7. 压力润滑用于负荷大、转速高的摩擦表面,如(　　)。

A. 活塞环与缸壁　　B. 主轴承与主轴颈

C. 连杆小头衬套与活塞销　　D. 凸轮与气门挺柱

【答案】B

【解析】该题主要考查发动机零件的润滑方式,对于负荷大、压力高的摩擦零件表面,如活塞销与连杆大端轴承,曲轴颈与主轴承,凸轮轴与轴承,摇臂轴与轴承等,因而该题选B。

8. 加注润滑油时,加注量越多越有利于润滑。(　　)

【答案】错误

【解析】该题主要考查的是润滑油的加注量,应在机油尺上下刻度的中间偏上的位置;若机油量不足应添加,不允许液面高于上刻度线;更不是越多越有利于润滑。因而该题错误。

9. 润滑系统中粗机油滤清器与旁通阀串联。(　　)

【答案】错误

【解析】该题考查的是旁通阀与粗机油滤清器的关系,因为旁通阀的作用是在粗机油滤清器滤芯堵塞时,旁通网打开,机油通过旁通阀进入主油道,保证机油进入摩擦表面润滑;因而旁通阀应与粗机油滤清器并联。因而该题说法错误。

10. 发动机润滑系统故障中较多见且危害最严重的是(　　)。

A. 油压过高　　B. 油压过低　　C. 水温不正常　　D. 泄漏

【答案】B

【解析】该题主要考查的是润滑系统的常见故障的有关内容。润滑系统常见的故障包括机油压力过高、机油压力过低、机油消耗过多等,其中最多见且危害最严重的是油压过低。因而该题应选 B。

11. 能滤除润滑油中粒度大的杂质,流动阻力小,串联安装于机油泵进油口之前的是(　　)。

A. 粗机油滤清器　　B. 细机油滤清器　　C. 机油滤清器　　D. 机油集滤器

【答案】D

【解析】该题主要考查的是机油滤清器的有关安装位置,该题备选答案中只有 A、D 能与机油泵串联安装,而粗机油滤清器位于机油泵与主油道之间,机油集滤器位于机油泵进油口。因而该题选 D。

12. 润滑系统中旁通阀的作用是(　　)。

A. 保证主油道中的最小机油压力

B. 防止主油道过大的机油压力

C. 防止机油滤清器滤芯损坏

D. 在机油滤清器滤芯堵塞后仍能使机油进入主油道内

【答案】D

【解析】该题考查的是旁通的作用。同学们知道旁通网与粗机油滤清器并联,当粗机油滤清器滤芯堵塞时会使粗滤清器进油口机油压力升高,当高于旁通开启压力时,旁通打开使润滑油由旁通阀直接进入主油道以保证润滑。因而该题选 D。

📖 项目测评

一、填空题

1. 现代汽车发动机常采用________、________、________等润滑方式。润滑系统采用了________和________两种润滑方式。

2. 润滑油的流经路线是:机油集滤器、________主油道、各摩擦副表面、油底壳等。

3. 汽车发动机机油泵有________、________两种。

4. 发动机润滑系统主要有密封、________、防锈、________、清洗等作用。

5. 在汽车使用和保养过程中,最常见的保养项目是________和________,以提高发动机的____________。

6. 发动机润滑系统主要由________、________、________、________、________、________、________、________、________等组成。

7. 机油滤清器分为________和________两种。

8. 发动机采用的润滑方式主要有________、________、________三种。

9. 转子式机油泵位于________内,由曲轴通过________驱动。

10. 我国润滑油分类法参照采用________分类方法;安装润滑油的性能和使用场合分为________和________两种。

11. 柴油发动机工作条件的苛刻程度可用柴油发动机的________来表示。

12. 强化系数越高,表示润滑油工作条件越________,要求选用的润滑油质量等级________。

13. 油底壳中液面的高度应该位于上下刻度线____________的位置。

14. 润滑系统的作用包括________、________、________、________、________等。

15. 机油滤清器主要由________、________、________组成。

16. 桑塔纳 200GS1 型轿车发动机机油和机油滤清器的更换周期是________ km。

17. 常见的机油泵有________、________和叶片泵。

18. ________的机油需要做特别的存储,然后交由回收公司统一处理。

19. 汽车首次保养的主要内容是________和________。

二、判断题

1. 使用黏度过低的润滑油会使机油压力过高。（　）

2. 润滑系统中旁通阀的作用主要是限制主油道的油压。（　）

3. 强制通风装置中装用的单向阀失效将会引起发动机怠速不稳。（　）

4. 主油道上旋装油压传感器用于检测燃油压力。（　）

5. 当机油滤清器的滤芯堵塞时,旁通阀打开,机油直接进入主油道,以保证润滑。（　）

6. 机油泵都采用齿轮驱动方式,通过凸轮轴、曲轴或正时齿轮来驱动。（　）

7. 全流式滤清器与主油道串联,机油泵泵出的压力油全部经滤清器过滤后进入主油道。（　）

8. 过滤式机油泵粗滤清器与细滤清器并联。（　）

9. 当机油压力高于 100 kPa 时,汽车每行驶 5 km 机油能全部通过细滤清器过滤一次。（　）

10. 发动机熄火后,由于惯性转子仍在旋转,听到“嗡嗡”声为正常。（　）

11. 转子总成出厂时做动平衡试验,并在转子体和转子盖之间做装配标记。（　）

12. 关于机油牌号,夏季用油黏度高,冬季用油黏度低。（　）

13. 发动机机油泵都是安装在曲轴箱内的。（　）

14. 润滑系统中粗机油滤清器与旁通阀串联。（　）

15. 机油泵输出的机油全部通过粗机油滤清器过滤后进入主油道。（　）

16. 限压阀用来限制机油泵输出的润滑油压力。（　）

17. 进油限压阀用来限制进入细机油滤清器的油量,防止因进入细滤清器的油量过多,导致主油道压力降低而影响润滑效果。（　）

18. 机油集滤器安装于机油泵出油口。（　）

19. 当发动机工作时,润滑油从集滤器经油底壳被机油泵送入机油滤清器。（　）

20. 润滑油质量等级越靠后,其使用性能越优良。（　）

21. 通用油规格 SDCC 级表示该级别机油的质量等级相当于汽油机油的 SD 级和柴油机油的 CC 级。（　）

22. 我国发动机机油黏度等级越靠后,适应的气温越高。（　）

23. 发动机工作条件的苛刻程度与发动机进排气系统中有无附加装置及类型有关。（　）

24. 我国发动机机油质量等级的选用是根据车辆使用地区和季节气温来选择的。（　）

25. 发动机机油质量等级中,S 开头系列代表汽油发动机用油,C 开头代表柴油发动

机用油。 ( )

26. 发动机机油质量等级中,S 或 C 后面的字母每递减一个,机油的性能就会优于前一种。 ( )

27. 加注润滑油时,加注量越多越有利于润滑。 ( )

28. 发动机机油质量等级中,S 或 C 后面的字母越靠后,质量等级越低。 ( )

29. 随时可以检查机油液面高度。 ( )

30. 当机油滤芯堵塞时,机油将不会从机油滤清器流出。 ( )

31. 更换机油时机油滤清器可以不更换。 ( )

32. 机油不属于易燃物品,无须远离明火。 ( )

33. 当压力报警灯亮时,应使用高速挡将车开到修理厂维修。 ( )

34. 安装机油滤清器时应安装新的密封圈。 ( )

35. 安装机油滤清器滤芯时应注意安装方向。 ( )

36. 发动机底护板可以减少油底壳的碰撞概率。 ( )

37. 润滑油中的油压越高越好。 ( )

38. 细机油滤清器滤清能力强,所以经过细滤清器滤清后的机油直接流向润滑表面。 ( )

39. 加注润滑油时,加入量越多,越有利于发动机的润滑。 ( )

40. 为既保证各润滑部位的润滑要求,又减少机油泵的功率消耗,机油泵实际供油量一般应与润滑系统需要的循环油量相等。 ( )

三、选择题

1. 活塞与汽缸壁之间的润滑方式是________。 ( )

A. 压力润滑　B. 飞溅润滑

C. 脂润滑　D. 压力润滑和飞溅润滑同时进行

2. 机油粗滤清器上装有旁通阀,当滤芯堵塞时,旁通阀打开,________。 ( )

A. 使机油不经过滤芯,直接流回油底壳　B. 使机油直接进入细滤清器

C. 使机油直接进入主油道　D. 使机油流回机油泵

3. 控制发动机主油道最高油压的部件是________。 ( )

A. 安全阀　B. 旁通阀　C. 油压传感器　D. 机油安全阀

4. 发动机采用的润滑方式中,错误的是________。 ( )

A. 压力润滑　B. 飞溅润滑　C. 润滑脂润滑　D. 不定期润滑

5. 发动机凸轮轴采用的润滑方式是________。 ( )

A. 压力润滑　B. 飞溅润滑　C. 混合润滑　D. 液体润滑

6. 汽缸壁、活塞销及配气机构的挺柱采用________。 ( )

A. 压力润滑　B. 飞溅润滑　C. 人工润滑　D. 定期润滑

7. 用来储存润滑油的装置是________。 ( )

A. 燃油箱　B. 机油滤清器　C. 油道　D. 油底壳

8. 空气滤清器一般汽车每行驶________应更换一次滤芯。 ( )

A. 10 000 km　B. 15 000 km　C. 18 000 km　D. 150 000 km

9. 发动机润滑系统故障中较多见且危害最严重的是________。（　　）

A. 油压过高　B. 油压过低　C. 水温不正常　D. 泄漏

10. 下列关于机油泵的驱动中，错误的是________。（　　）

A. 曲轴　B. 连杆　C. 凸轮轴　D. 正时齿轮

11. 用来过滤润滑油中杂质、磨屑、油泥及水分等杂物，使送到润滑部位的都是干净清洁的润滑油的装置是________。（　　）

A. 粗机油滤清器　B. 细机油滤清器　C. 机油滤清器　D. 机油集滤器

12. 能滤除润滑油中粒度大的杂质，流动阻力小，串联安装于机油泵进油口之前的是________。（　　）

A. 粗机油滤清器　B. 细机油滤清器

C. 机油滤清器　D. 机油集滤器

13. 用来避免机油中大颗粒杂质进入润滑系统的是________。（　　）

A. 机油粗滤清器　B. 机油泵吸油管

C. 机油滤清器　D. 机油集滤器

14. 防止一部分可燃混合气和废气经活塞环与汽缸壁间的间隙窜入曲轴箱的是________。（　　）

A. 曲轴箱通风装置　B. 机油泵吸油管

C. 机油滤清器　D. 机油集滤器

15. 水泵及发动机轴承采用的润滑方式是________。（　　）

A. 压力润滑　B. 飞溅润滑　C. 润滑脂润滑　D. 不定期润滑

16. 机油滤清器________安装于机油泵出油口与主油道之间。（　　）

A. 串联　B. 并联　C. 混联　D. 不确定

17. 下列属于通用油的是________。（　　）

A. CD-Ⅱ　B. CF-4　C. SD/CC　D. 5W/30

18. 我国润滑油根据黏度等级分类，其中 5W/30 中，W 表示________。（　　）

A. 夏季用油　B. 冬季用油　C. 柴油机油　D. 汽油机油

19. 装有 PCV 阀装置的汽车可选用________润滑油。（　　）

A. SD 级　B. SE 级　C. SF 级　D. SG 级

20. 装有废气催化转换装置的汽车可选用________润滑油。（　　）

A. SD 级　B. SE 级　C. SF 级　D. SG 级

21. 采用电喷燃油喷射系统的汽车要求使用________以上的润滑油。（　　）

A. SD 级　B. SE 级　C. SF 级　D. SG 级

22. 强化系数小于 50 的柴油发动机应选用________润滑油。（　　）

A. CD 级　B. CC 级　C. CF 级　D. CE 级

23. 强化系数大于 50 的柴油发动机应选用________以上的润滑油。（　　）

A. CD 级　B. CC 级　C. CF 级　D. CE 级

24. 换机油时如果润滑系统存在较严重的漏油现象，应该________。（　　）

A. 先换油后修复　B. 先修复后换油

C. 直接换油　　　　　　　　　　D. 只修复不换油

25. 更换润滑油时,应使水温达到________时,然后关闭点火开关,停止发动机运转。

A. 80~90 ℃　　B. 30~40 ℃　　C. 60~70 ℃　　D. 100 ℃

26. 放油塞拧紧的力矩为________。　　( )

A. 30 N·m　　B. 50 N·m　　C. 80 N·m　　D. 100 N·m

27. 在发动机油质量等级中,若 S 和 C 同时存在,则表示此机油为________。( )

A. 汽柴通用型　　B. 汽油机油　　C. 柴油机油　　D. 燃料用油

28. 发动机的润滑方式有________。　　( )

A. 1 种　　B. 2 种　　C. 3 种　　D. 4 种

29. 更换机油时需要________设备。　　( )

A. 机油回收器　　B. 力矩扳手　　C. 抹布　　D. 螺丝刀

30. 润滑系统中旁通阀的作用是________。　　( )

A. 保证主油道中的最小机油压力

B. 防止主油道过大的机油压力

C. 防止机油滤清器滤芯损坏

D. 在机油滤清器滤芯堵塞后仍能使机油进入主油道内

31. 发动机的汽缸壁采用________。　　( )

A. 润滑脂润滑　　B. 压力润滑　　C. 飞溅润滑　　D. 其他润滑

32. 下列零部件属于压力润滑的是________。　　( )

A. 凸轮　　B. 主轴承　　C. 活塞销　　D. 活塞环

33. 压力润滑用于负荷大、转速高的摩擦表面,如________。　　( )

A. 活塞环与缸壁　　　　　　　　B. 主轴承与主轴颈

C. 连杆小头衬套与活塞销　　　　D. 凸轮与气门挺柱

四、名词解释

1. 压力润滑

2. 飞溅润滑

3. 油路

五、简答题

1. 发动机润滑系统的作用是什么？

2. 润滑系统的具体作用包括哪些方面？

3. 机油泵的作用及安装位置各是什么？

4. 润滑油的使用注意事项有哪些？

5. 用举升机举升车辆的注意事项有哪些？

6. 发动机机油加注有何要求？机油量过多或过少的危害有哪些？

7. 如何检查润滑油的液面高度？

8. 及时更换机油和机油滤清器的重要性有哪些？

9. 机油滤清器的作用是什么？

10. 发动机润滑系统中常见的故障有哪些？

11. 试述发动机润滑油的更换步骤。

12. 更换机油时为何要使发动机达到一定的工作温度？

13. 更换机油时为什么要安装翼子板护垫？

14. 机油压力开关有什么作用？

15. 发动机的润滑方式主要有哪些？

16. 更换机油时应注意哪些安全事项？

17. 换完机油后还要做哪些事情？

18. 导致润滑油变质的原因可能有哪些？

19. 对发动机的润滑油有何要求？

项目七　发动机电子控制系统

项目指南

1. 了解现代汽车采用电子控制系统的优点。

2. 掌握发动机电子控制系统的作用和组成。

3. 重点掌握空气流量计、进气压力传感器、节气门位置传感器、氧传感器，以及温度传感器的名称、作用。

4. 重点掌握电控发动机故障码的读取与清除。

重点

1. 发动机电子控制系统的作用和组成。

2. 现代电子控制系统的优点。

3. 各传感器的名称及作用。

难点

1. 空气流量计、进气压力传感器、节气门位置传感器、氧传感器和温度传感器的检测方法。

2. 电控发动机故障码的读取与清除方法。

项目要点

一、发动机电子控制系统的组成和作用

发动机电子控制系统主要由电子控制单元(ECU)、传感器和执行器三部分组成。电子控制单元(ECU) 发送命令给执行器，执行器接收命令信号后使发动机的个别系统工作状态发生改变，从而改变发动机的工况。传感器监测到变化的物理参数，通过电信号传递给 ECU。ECU 根据存储在内部的数据进行比较分析，得出相应的命令，继续发出相应的控制和修正信号给执行器。

电子控制单元(ECU)是发动机的综合控制装置。ECU 不仅控制燃油喷射，还控制点火正时、怠速和废气排放等。

传感器：将发动机工况与环境的信息通过各种信号即时、真实地传递到 ECU。

执行器：电子控制系统要完成的各种控制功能是靠各种执行器来实现的。

二、电控发动机故障码的读取与清除(科鲁兹轿车和 KT600 解码器)

第 1 步：将 OBD-Ⅱ接头与诊断仪器连接。

第 2 步：找到诊断插座位置。

第 3 步：将 OBD-Ⅱ接头与汽车诊断接口连接。

第 4 步：打开点火开关。

第 5 步：打开仪器电源，进入汽车诊断系统。

第 6 步：选择车系生产年代，点击“OK”按钮，系统自动连接。

第 7 步：连接完毕，点击“OK”按钮，然后选择“控制模块”。

第 8 步:选择“动力总成”,选择变速箱类型。

第 9 步:选择“读取故障码”,然后显示故障码。

第 10 步:根据故障码提示内容,进行故障排除,然后就可以清除故障码,点击“清除故障码”,“是”“OK”后,故障码清除,显示无故障码。

第 11 步:再次读取故障码,显示无故障。

三、空气流量计和传感器的名称和作用

(一)空气流量计

空气流量计也称空气流量传感器,它将吸入的空气流量转换成电信号送至电控单元(ECU),作为决定喷油的基本信号之一。电子控制汽油喷射发动机为了在各种运转工况下都能获得最佳浓度的混合气,必须正确地测定每一瞬间吸入发动机的空气量,以此作为 ECU 计算喷油量的主要依据。如果空气流量传感器或线路出现故障,ECU 得不到正确的进气量信号,就不能正常地进行喷油量的控制,将造成混合气过浓或过稀,使发动机运转不正常。

空气流量计的作用:是测量进入发动机的空气流量,并将测量的结果转换为电信号传输给电控单元。电子控制汽油喷射系统的空气流量计有多种型式,目前常见的空气流量传感器按其结构型式可分为叶片(翼板)式、量芯式、热线式、热膜式、卡门涡旋式几种。

(二)进气压力传感器

进气压力传感器又名歧管压力传感器,而无论哪种叫法都是一个工作原理。

其信号与空气流量计信号一样,也是电喷车中最重要的传感器之一。有很多电喷车不用空气流量计而用歧管压力传感器,它和曲轴位置传感器一起决定着发动机工作的基本供油量。

进气压力传感器的作用:进气压力传感器提供发动机负荷信息和进气温度信息,可以将发动机进气管的压力转变为相应的电信号,发动机电子控制器根据此信号计算基本喷油时间、喷油量和点火提前角等。

(三)节气门位置传感器

节气门位置传感器又称为节气门开度传感器或节气门开关。

其主要功用是检测发动机是处于怠速工况还是负荷工况,是加速工况还是减速工况。

(四)氧传感器

在使用三元催化转换器以减少排气污染的发动机上,氧传感器是必不可少的元件。由于混合气的空燃比一旦偏离理论空燃比,三元催化剂对 CO、HC 和 NO_x 的净化能力将急剧下降,故在排气管中安装氧传感器,用以检测排气中氧的浓度,并向 ECU 发出反馈信号,再由 ECU 控制喷油器喷油量的增减,从而将混合气的空燃比控制在理论值附近。

电喷车为获得高排气净化率,降低排气中一氧化碳(CO)、碳氢化合物(HC)和氮氧化合物(NO_x)成分,必须利用三元催化器。但为了能有效地使用三元催化器,必须精确地控制空燃比,使它始终接近理论空燃比。催化器通常装在排气歧管与消声器之间。氧传感器具有一种特性,在理论空燃比(14.7∶1)附近,它输出的电压有突变。这种特性被用来检测排气中氧气的浓度并反馈给电脑,以控制空燃比。当实际空燃比变大,在排气中氧气的浓度增加而氧传感器把混合气稀释的状态(小电动势:0 V)通知 ECU。当空燃比比理论空燃比小时,在排气中氧气的浓度降低,而氧传感器的状态(大电动势:1 V)通知(ECU)电脑。

ECU 根据来自氧传感器的电动势差别判断空燃比的低或高,并相应地控制喷油持续的时间。但是,如氧传感器有故障使输出的电动势不正常,(ECU)电脑就不能精确控制空燃比。所以,氧传感器还能弥补由于机械及电喷系统其他部件磨损而引起空燃比的误差,可以说是电喷系统中唯一有"智能"的传感器。

传感器的作用是测定发动机燃烧后的排气中氧是否过剩的信息,即氧气含量,并把氧气含量转换成电压信号传递到发动机计算机,使发动机能够实现以过量空气因数为目标的闭环控制;确保三元催化转化器对排气中的碳氢化合物(HC)、一氧化碳(CO)和氮氧化合物(NO_x)三种污染物都有最大的转化效率,最大程度地进行排放污染物的转化和净化。

(五)温度传感器

温度传感器是指能感受温度并转换成可用输出信号的传感器。温度传感器是温度测量仪表的核心部分,品种繁多。按测量方式可分为接触式和非接触式两大类,按照传感器材料及电子元件特性分为热电阻和热电偶两类。

温度传感器的作用:用物质各种物理性质随温度变化的规律把温度转换为电量。

知识点解析

1. 发动机电子控制单元不能控制(　　)。

A. 变速器系统故障　　B. 燃油喷射

C. 配气正时　　D. 废气排放

【答案】:A

【解析】该题应让学生明确发动机电子控制单元与自动变速器系统不是一个控制系统,自动变速器是一个单独的变速器控制系统。因而该题选 A。

2. 将发动机工况与环境的信息通过各种信号即时、真实地传递到电脑的是(　　)。

A. 执行器　　B. 电子控制单元

C. 传感器　　D. ECU

【答案】:C

【解析】该知识点主要考查的是发动机电子控制系统各组成部分的作用,该题说的是传感器的作用。因而该题选 C。

3. 水温传感器正常工作时,输出的电压信号为(　　)。

A. 1~3 V　　B. 0.3~4.7 V　　C. 2~5 V　　D. 6~10 V

【答案】:B

【解析】因为发动机水温传感器的工作范围是-30~120 ℃,正常工作时输出的电压信号为 0.3~4.7 V。因而试题选 B。

4. 故障码的显示方式包括________、________、________。

【答案】:数字显示、LED 显示、脉冲电压显示

【解析】发动机电子控制系统出现故障后,在发动机 ECU 中就会以代码的形式储存在电脑里面,但只有将该代码显示出来,才能判断故障情况;关于故障码的显示方式,目前主要有数字显示、LED 显示、脉冲电压显示三种。因而该题答案是:数字量示、LED 显示、

脉冲电压显示。

5. 浓的空燃比使氧传感器产生(　　)。

A. 高电压　　B. 低电压　　C. 微电压　　D. 强电压

【答案】:A

【解析】该题考查的是空燃比与传感器产生电压的关系问题,学生应该明确氧传感器产生的电压与混合气的浓度是正比关系。因而该题选 A。

6. 下列属于质量流量型空气流量计的是(　　)。

A. 叶片式　　B. 热膜式　　C. 卡门旋涡式　　D. 翼片式

【答案】:B

【解析】该题考查的是空气流量计的计量方式,其计量方式有质量流量型(热线式、热膜式)和体积流量型(翼片式、卡门旋涡式)两种。因而该题选 B。

7. 发动机电子控制系统主要由________、________、________三部分组成。

【答案】:电子控制单元(ECU)、传感器、执行器

【解析】该题考查的是发动机电子控制系统的组成,切记柴油发动机和汽油发动机电子控制系统的组成相同;都是由电子控制单元(ECU)、传感器、执行器这三部分组成的。

8. 车速传感器不能作为 ECU 进行(　　)的控制信号。

A. 废气再循环　　B. 怠速断油控制

C. 减速断油控制　　D. 自动变速器换挡时刻控制

【答案】:A

【解析】该题考查的是车速传感器的作用。车速传感器是测量汽车的行驶速度,作为发动机 ECU 进行怠速断油控制、减速空燃比控制、自动变速器换挡控制的主要信号;不能作为废气再循环的控制信号。因而该题选 A。

9. 独立点火方式取消了高压导线,避免了高压导线方面的故障。(　　)

【答案】:正确

【解析】因为独立点火方式每个汽缸的火花塞上配用一个点火线圈,每个火花塞都单独配置一个点火线圈,点火线圈产生的高压电直接送给火花塞,因而避免了高压导线方面的故障。所以该题说法正确。

项目测评

一、填空题

1. 发动机电子控制系统主要由________、________、________三部分组成。

2. 发动机电子控制单元是发动机的________装置。

3. 发动机电子控制系统要完成的各种控制功能是靠________来实现的。

4. 大多数汽车的发动机故障警告灯安装在________上,有的直接装在________上;还有的用________显示。

5. 丰田车系故障诊断插座安装在________内和________下方。

6. OBD-Ⅱ诊断插座为________脚标准诊断插座,其安装在________左下方;其

标准码由__________数字组成。

7. 故障码的显示方式包括__________、__________、__________。

8. 发动机故障自诊断状态分为__________和__________。

9. 清除故障码的方法有__________和__________。

10. 磁感应式曲轴位置及转速传感器可分为上、下两部分，上部分产生__________，下部分产生__________。

11. 霍尔式曲轴位置及转速传感器安装在发动机__________的一端，主要由__________和__________组成。

12. 光电式曲轴位置及转速传感器主要由__________、__________、__________、__________四部分组成。其安装在__________内，由__________和__________组成。

13. 信号盘安装在__________上，其外围刻有__________光孔，产生1°__________信号。

14. 常见的温度传感器有__________和__________两种。

15. 水温传感器由__________和__________组成。

16. 进气温度传感器安装在发动机__________上或与__________制为一体。

17. 光电效应式车速传感器由__________、__________、__________、__________组成。

18. 发动机机体振动检测方法所使用的传感器安装在发动机__________上。

19. 怠速控制系统由__________、__________、__________、__________、__________组成。

20. 怠速空气控制阀根据工作原理可分为__________、__________、__________、__________、__________等五种。

21. 节气门位置传感器是__________中的一个重要传感器。

22. 空气流量计一般安装于空气滤清器后的__________中，电控汽油喷射发动机使用的空气流量计主要有__________、__________、__________、__________。

23. 检测卡门旋涡频率的方法有__________和__________两种。

24. 热线式空气流量计根据热线位置不同可分为__________和__________两种。

25. 进气歧管绝对压力传感器一般位于__________，可分为__________和__________两种。

26. 节气门体装在空气流量计和发动机进气总管之间的__________上，由__________、__________、__________、__________等组成。

27. 发动机点火系统包括__________和__________两种。

28. 电子控制点火系统主要由__________、__________、__________、__________等组成。

29. 无分电器点火系统一般由__________、__________、__________、__________、__________组成。

30. 电控燃油喷射系统用英文表示为__________,怠速控制系统用英文表示为__________。

31. 爆燃传感器是作为__________控制的修正信号。

32. 电控燃油喷射系统按喷射方式不同可分为__________和__________两种方式。

33. 电控点火系统一般由__________、__________、__________、__________、__________、__________等组成。

二、选择题

1. 发动机电子控制单元不能控制__________。（　　）

A. 变速器系统故障　　B. 燃油喷射

C. 配气正时　　D. 废气排放

2. 将发动机工况与环境的信息通过各种信号即时、真实地传递到电脑的是__________。（　　）

A. 执行器　　B. 电子控制单元　　C. 传感器　　D. ECU

3. 水温传感器正常工作时,输出的电压信号为__________。（　　）

A. 1~3 V　　B. 0.3~4.7 V　　C. 2~5 V　　D. 6~10 V

4. 产生电信号,传给电子控制单元,经电子控制单元处理后发出指令的是__________。（　　）

A. 执行器　　B. 电子控制单元　　C. ECU　　D. 传感器

5. 检测曲轴转角和发动机转速的信号是__________。（　　）

A. 判缸信号　　B. 转速信号　　C. G 信号　　D. 转子信号

6. 用于辨别汽缸及检测活塞上止点位置的是__________。（　　）

A. Ne 信号　　B. 转速信号　　C. G 信号　　D. 转子信号

7. 用于检测汽车的行驶速度的传感器是__________。（　　）

A. 温度传感器　　B. 车速传感器　　C. 爆震传感器　　D. 曲轴位置传感器

8. 车速传感器不能作为 ECU 进行__________的控制信号。（　　）

A. 废气再循环　　B. 怠速断油控制

C. 减速断油控制　　D. 自动变速器换挡时刻控制

9. 浓的空燃比使氧传感器产生__________。（　　）

A. 高电压　　B. 低电压　　C. 微电压　　D. 强电压

10. 根据空燃比和排气流中的含氧量向 ECU 输送一个模拟电压信号的是__________。（　　）

A. 温度传感器　　B. 车速传感器　　C. 氧传感器　　D. 曲轴位置传感器

11. 怠速控制的实质是控制怠速时的__________。（　　）

A. 排气量　　B. 进气量　　C. 空燃比　　D. 混合气浓度

12. 桑塔纳 2000Si、捷达 AT、红旗 CA7220E 型轿车采用的怠速控制系统是__________。（　　）

A. 节气门直接控制　　B. 旁通空气道控制

C. 主流控制　　　　　　　　　　D. 怠速控制

13. 步进电机式怠速空气控制阀损坏后将造成故障，下列说法错误的是__________。　（　）

A. 无怠速　　B. 怠速不稳　　C. 超速运转　　D. 怠速过高

14. 提供发动机工作所需要的新鲜空气，同时把进气量的多少以电信号的形式告知电脑，作为喷油重要依据的是__________。　（　）

A. 空气供给系统　B. 燃油供给系统　　C. 点火系统　　D. 润滑系统

15. 对进入汽缸的空气量进行直接测量，并把空气流量的信息输送到电脑的是__________。　（　）

A. 温度传感器　　B. 车速传感器　　C. 压力传感器　　D. 空气流量计

16. 发动机进气系统中设置辅助空气阀目的是增加暖机过程中所需要的__________。　（　）

A. 空气量　　B. 燃油量　　C. 汽缸压力　　D. 发动机温度

17. 下列关于节气门位置传感器类型说法错误的是__________。　（　）

A. 触点式　　B. 开关式　　C. 线性式　　D. 综合式

18. 下列关于电控汽油机燃油供给系统组成中错误的是__________。　（　）

A. 燃油滤清器　　B. 喷油器　　C. 膜片式汽油泵　D. 压力调节器

19. 将多缸发动机的喷油器分成 2～3 组，每组有 2～4 个喷油器，分别通过一条线路和电脑连接的控制电路属于__________。　（　）

A. 同时喷射　　B. 顺序喷射　　C. 分组喷射　　D. 单点喷射

20. 每个汽缸的火花塞上配用一个点火线圈的点火方式为__________。　（　）

A. 直接点火方式　B. 独立点火方式　　C. 同时点火方式　D. 分组点火方式

21. 下列属于质量流量型空气流量计的是__________。　（　）

A. 叶片式　　B. 热膜式　　C. 卡门旋涡式　　D. 翼片式

22. 发动机工作时，随冷却液温度升高，爆震倾向__________。　（　）

A. 不变　　B. 最大　　C. 减小　　D. 与温度无关

23. 将电动汽油泵置于汽油箱内的目的是__________。　（　）

A. 便于控制　　B. 降低噪声　　C. 防止气阻　　D. 防止丢失

24. 当结构确定后，电磁喷油器的喷油量主要取决于__________。　（　）

A. 喷油脉冲　　B. 点火提前角　　C. 工作温度　　D. 发动机转速

25. 检测电控汽车电子元件要使用数字式万用表，是因为__________。　（　）

A. 具有高阻抗　　B. 具有低阻抗　　C. 测量精确　　D. 操作方便

26. 发动机水温高于__________℃时，冷起动喷油器不工作__________。　（　）

A. 20～30　　B. 30～40　　C. 40～50　　D. 20～40

27. 通常采用顺序喷射方式的是__________。　（　）

A. 机械式汽油喷射系统　　　　B. 电控汽油喷射系统

C. 节气门体汽油喷射系统　　　D. 都不对

28. 起动发动机前如果点火开关位于“ON”位置，电动汽油泵__________。　（　）

A. 持续运转 B. 不运转

C. 运转 10 s 后停止 D. 运转 2 s 后停止

29. 某汽油喷射系统的汽油压力过高,原因是____________。 ( )

A. 电动汽油泵的电刷接触不良 B. 回油管堵塞

C. 汽油压力调节器密封不良 D. 以上都正确

30. 汽油喷射发动机的怠速通常是由____________控制的。 ( )

A. 自动阻风门 B. 怠速调整螺钉 C. 步进电机 D. 继电器

31. 在多点汽油喷射系统中,汽油被喷入____________。 ( )

A. 燃烧室内 B. 节气门后部 C. 进气歧管 D. 进气道

32. 单点喷射方式采用的喷射方式是____________。 ( )

A. 同时喷射 B. 分组喷射 C. 顺序喷射 D. 都不对

33. 对喷油量起决定作用的是____________。 ( )

A. 空气流量计 B. 水温传感器

C. 氧传感器 D. 节气门位置传感器

34. 在____________空气流量计中,还装有进气温度传感器和油泵控制触点。

( )

A. 翼片式 B. 卡门旋涡式 C. 热线式 D. 热膜式

35. 双金属片式辅助空气阀中双金属片的动作由加热线圈的____________或发动机的水温决定。 ( )

A. 通电电压 B. 通电电流 C. 通电时间 D. 绕组数

36. 当节气门开度突然加大时,燃油分配管内油压____________。 ( )

A. 升高 B. 降低 C. 不变 D. 先降低再升高

37. 负温度系数的热敏电阻,其阻值随温度的升高而____________。 ( )

A. 升高 B. 降低 C. 不受影响 D. 先高后低

38. 电控发动机控制系统中,____________存放了发动机各种工况的最佳喷射持续时间。

( )

A. 电控单元 B. 执行器 C. 温度传感器 D. 压力调节器

39. 发动机冷却液温度传感器为____________。 ( )

A. 正温度系数热敏电阻式 B. 负温度系数热敏电阻式

C. 临界温度系数热敏电阻式 D. 滑动电阻式

三、判断题

1. 发动机电控系统要完成的各种控制功能是靠电脑来实现的。 ( )
2. 当 ECU 判定电控系统某电路出现故障时,发动机就不能继续运转。 ( )
3. 对于偶尔出现一次的不正常信号,自诊断系统即判定为故障。 ( )
4. 自诊断系统对于保持一定时间的不正常信号即视为故障。 ( )
5. 正常情况下,打开点火开关时,故障警告灯应熄灭为正常。 ( )
6. 起动发动机后,故障警告灯熄灭说明发动机电控系统无故障。 ( )
7. 当发动机产生故障时,故障警告灯应闪烁为正常。 ( )

8. 试验状态下的诊断灵敏度高,不仅可以显示正常状态下的故障,还可检测出正常状态下发现不了的故障。 (　　)

9. 电控系统的自诊断系统排除故障后,必须清除故障码。 (　　)

10. 任何时候都可以拆除蓄电池负极,不会影响其他系统。 (　　)

11. 氧传感器安装在排气管上。 (　　)

12. 爆震传感器是将发动机的震动转换成电压信号输送到 ECU,ECU 根据输入电压信号对是否爆震进行判断。 (　　)

13. 关闭点火开关,用万用表直流电压挡测量冷却液温度传感器搭铁线与信号线之间的电压值,其标准为蓄电池电压。 (　　)

14. 石蜡式怠速空气控制阀损坏后将造成无冷车高怠速。 (　　)

15. 发动机点火装置产生的电压都是 10 kV。 (　　)

16. 同时喷射方式的控制电路是将各缸喷油器全部并联在一起,通过一条共同线路和电脑连接。 (　　)

17. 电子控制点火系统是现代轿车广泛应用的一种新型点火系统。 (　　)

18. 独立点火方式取消了高压导线,避免了高压导线方面的故障。 (　　)

四、名词解释

1. 正常状态

2. 试验状态

五、简答题

1. 电子控制系统的作用是什么?

2. 简述进入故障自诊断系统的方法。

3. 发动机曲轴位置及转速传感器的作用及类型各是什么?

4. 水温传感器的作用是什么？

5. 电子控制单元的基本功能有哪些？

6. 如何正确拆卸水温传感器？

7. 如何判断水温传感器的好坏？

8. 简述汽油发动机燃油供给系统的作用。

9. 发动机对点火系统的要求有哪些？

六、问答题

1. 以科鲁兹轿车和 KT600 解码器为例介绍故障码的读取和清除方法。

2. 以别克凯越轿车为例试回答节气门位置传感器的检测步骤。

3. 燃油压力调节器的作用是什么？

4. 霍尔效应式曲轴位置传感器是根据什么原理工作的？它有什么特点？

5. 在现代的汽车上安装的排放控制系统都有哪些？

6. 传感器的功用是什么？

7. 电控燃油喷射系统的优点有哪些？

8. 电喷系统中常见的喷射方式有哪些？

9. 电控点火系统的主要优点有哪些？

10. 发动机爆燃产生的原因是什么？爆燃怎样被控制？

汽车发动机构造与维修测试题

测试题一

一、填空题

1. 汽车的动力源是__________。
2. 湿式缸套不直接与冷却水接触,壁厚一般为__________。
3. 曲轴与凸轮轴的传动比为__________。
4. 目前,汽车发动机上广泛采用的冷却系统是__________。
5. 主油道上油压传感器用于检测__________。
6. 发动机润滑系统故障较多见的是__________,且危害最严重。
7. 可拆式汽油滤清器,汽车行驶__________应更换滤芯。
8. 柴油机电控共轨系统可分为控制系统和__________。
9. 排气再循环装置可降低__________的排放量。
10. 进气门的间隙为__________。

二、选择题

1. 发动机 ECU 依据进气压力传感器的信号确定__________。 (　　)
   A. 喷油时刻　　B. 点火时刻
   C. 发动机的进气量　　D. 喷油压力
2. 上下止点间的汽缸容积称为__________。 (　　)
   A. 曲柄半径　　B. 汽缸工作容积
   C. 汽缸容积　　D. 发动机排量
3. 下列不属于活塞连杆组的是__________。 (　　)
   A. 活塞　　B. 飞轮　　C. 活塞环　　D. 连杆
4. 四缸四冲程发动机发火次序为__________。 (　　)
   A. 1—2—3—4　　B. 1—3—4—2　　C. 1—4—3—2　　D. 4—1—2—3
5. 顶置气门配气机构按凸轮轴位置分,正确的是__________。 (　　)
   A. 上置式　　B. 三气门　　C. 链传动　　D. 四气门
6. 排气提前角一般为__________。 (　　)
   A. 0°~30°　　B. 40°~80°　　C. 30°~80°　　D. 0°~80°
7. 下列不属于冷却装置的是__________。 (　　)
   A. 节温器　　B. 风扇　　C. 水泵　　D. 散热器
8. 机油细滤器与主油道并联,属于__________。 (　　)
   A. 全流式　　B. 分流式　　C. 并联式　　D. 串联式

9. 过量空气系数大于 14.7 的混合气属于____________。（　　）

A. 浓混合气　　B. 稀混合气　　C. 理论混合气　　D. 经济混合气

10. 柴油机的燃烧过程按曲轴转角可分为四阶段,错误的是____________。（　　）

A. 前燃期　　B. 备燃期　　C. 速燃期　　D. 后燃期

三、判断题

1. 做功行程,汽缸内的压力和温度迅速升高。（　　）
2. 共轨上的限压阀是一个安全阀,用来限制共轨内的最高油压。（　　）
3. 干式纸滤芯只能一次使用,必须定期更换。（　　）
4. 曲轴箱通风装置 PCV 阀如有响声,表示管路或 PCV 阀有堵塞现象,应拆开清洗。（　　）
5. 汽油发动机压缩比一般为 6~9,柴油发动机为 16~22。（　　）
6. 做功冲程的气体压力是推动活塞向下运动的力。（　　）
7. 湿式缸套装入坐孔后,应高出缸体上平面 5~9 mm。（　　）
8. 在选配的成组活塞中,尺寸差为 0.01~0.015 mm,质量差为 4~8 g,销坐孔涂色标记应相同。（　　）
9. 汽油机的进排气道分置于缸盖两侧,以便预热进气道中的混合气。（　　）
10. 冷却系统最常见的故障是水温过高。（　　）

四、名词解释

1. 气门间隙

2. 配气正时

3. 上止点

4. 压缩比

5. 试验状态

五、简答题

1. 活塞环的作用有哪些？

2. 汽缸磨损的测量方法是什么？

3. 故障码的显示方式有哪些？

4. 发动机过热的危害有哪些？

5. 进入故障自诊断系统的方法是什么？

六、问答题

主轴承异响的故障现象、原因各是什么？

测试题二

一、选择题

1. 下列关于发动机电子控制系统的组成中,错误的是____________。（ ）
   A. 电子控制单元 B. 传感器 C. 执行器 D. 排气系统
2. 间歇喷射方式按各缸喷油器工作的顺序不同分类,错误的是____________。（ ）
   A. 同时喷射 B. 分组喷射 C. 顺序喷射 D. 定点喷射
3. 柴油机压缩比一般为____________。（ ）
   A. 6~9 B. 9~11 C. 6~22 D. 16~22
4. 下列关于曲柄连杆机构组成中,错误的是____________。（ ）
   A. 机体组 B. 活塞连杆组 C. 曲轴飞轮组 D. 进排气系统
5. 为防止活塞敲鼓,将活塞销坐孔轴线向做功冲程中受侧压力较大的一侧偏移____________。（ ）
   A. 1~5 mm B. 1~2 mm C. 1~3 mm D. 6~9 mm
6. 四缸四冲程发动机发火间隔角为____________。（ ）
   A. 60° B. 90° C. 120° D. 180°
7. 活塞的最大磨损部位是____________。（ ）
   A. 顶部 B. 裙部 C. 销坐孔 D. 环槽部
8. 凸轮轴与曲轴的传动比为____________。（ ）
   A. 2:1 B. 1:2 C. 4:1 D. 1:4
9. 下列关于气门弹簧的耗损形式中,不正确的是____________。（ ）
   A. 断裂 B. 磨损 C. 歪斜 D. 弹力减弱
10. 冷却系统中设补偿水桶的作用是____________。（ ）
    A. 加速冷却液损失 B. 对冷却液加压
    C. 防止冷却液损失 D. 产生蒸汽泡
11. 蜡式节温器的安全寿命一般为____________。（ ）
    A. 1 200 km B. 1 500 km C. 50 000 km D. 80 000 km
12. 下列采用压力润滑的项是____________。（ ）
    A. 汽缸盖 B. 活塞 C. 主轴承 D. 推杆
13. 发动机润滑系统中危害最严重的是____________。（ ）
    A. 机油压力过高 B. 机油压力过低
    C. 机油消耗过多 D. 水温不正常
14. 下列关于润滑系统组成中,错误的是____________。（ ）
    A. 机油泵 B. 机油滤清器
    C. 机油压力调节器 D. 水泵
15. 膜片式汽油泵供油量的多少取决于____________。（ ）

A. 膜片的大小　B. 泵膜的行程　　C. 偏心轮的转速 D. 发动机的转速

二、判断题

1. 发动机是汽车的“心脏”。（　）

2. 现代大多数的汽油机喷射系统都采用顺序喷射方式。（　）

3. 活塞离曲轴回转中心最远处称为上止点。（　）

4. 汽缸盖和汽缸体同为铸铁时,卷边应朝向汽缸体。（　）

5. 柴油机第一道环多为梯形环和桶面环。（　）

6. 柴油机的连杆一般采用斜切口连杆。（　）

7. 汽缸轴线方向上最大磨损部位在活塞环上止点顶边稍下处,且呈上大下小的不规则锥形磨损。（　）

8. 电子控制发动机以电子控制单元为核心。（　）

9. 进气迟后角一般为 40°~80°（　）

10. 气门头的边缘厚度一般为 5~-9 mm。（　）

11. 当飞轮上的上止点标记与飞轮壳上的记号对准时,一缸活塞处于压缩或排气上止点的位置。（　）

12. 发动机润滑系统中,机油的循环路线称为油路。（　）

13. 机油消耗过多的主要原因是漏机油和烧机油。（　）

14. 火焰传播下限的混合气浓度为 0.4~0.5。（　）

15. 高阻抗型喷油器的电阻为 1~3 Ω。（　）

三、名词解释

1. 活塞冲程

2. 气门锥角

3. 冷却水大循环

4. 干式缸套

5. 开环控制

四、简答题

1. 燃油供给系统的作用与组成各是什么？

2. 简述四冲程汽油发动机的工作原理。

3. 配气机构的作用及组成各是什么？

4. 冷却液冰点的检查步骤有哪些？

5. 试述空气滤清器的作用、结构及类型。

五、问答题

以桑塔纳轿车为例试回答燃油压力的测定步骤。

测试题三

一、填空题

1. 四冲程发动机的有效行程是____________。

2. 配气机构由____________和____________两部分组成。

3. 活塞环的三隙是__________、侧隙、__________。

4. 机油滤清器包括__________和__________两种。

5. 汽油发动机燃烧室可分为____________、____________、____________三种。

6. 发动机是汽车的____________和____________。

7. 电子控制燃油喷射系统由____________、____________、____________三部分组成。

二、选择题

1. 一般汽油发动机的压缩比为____________。 ( )

A. 6~9　B. 15~20　C. 20 以上　D. 16~22

2. 在汽缸直径、活塞行程和转速相同的条件下，二冲程汽油发动机的功率实际上不等于四冲程汽油发动机的 2 倍，只等于__________倍。 ( )

A. 1.7~1.8　B. 1.9　C. 1.5~1.6　D. 4

3. 汽油发动机的第一道环多为____________。 ( )

A. 暗环　B. 明环　C. 梯形环　D. 桶面环

4. 梯形环和桶面环多作为柴油机的____________气环使用。 ( )

A. 第二道　B. 第一道　C. 第三道　D. 最后一道

5. 锥形环与汽缸壁是线接触，接触压力大，有利于密封、布油，但传热性能差，不易作____________气环。 ( )

A. 第一道　B. 第二道　C. 第三道　D. 最后一道

6. 做功次序为 1—2—4—3 的四冲程汽油发动机，当第一缸做功时，第三缸为____________。 ( )

A. 压缩　B. 进气　C. 排气　D. 做功

7. 在启动汽油发动机时，阻风门关闭，节气门应____________。 ( )

A. 全开　B. 半开　C. 微开　D. 全关

8. 一般把活塞头部制成上小下大的近似圆锥形，且头部直径____________裙部。 ( )

A. 小于　B. 等于　C. 大于　D. 无关系

9. 对冷却液加压，使之在冷却系统中加速循环流动的装置是____________。 ( )

A. 风扇　B. 水泵　C. 节温器　D. 散热器

10. 下列零件中不属于机体组的是____________。 ( )

A. 曲轴　B. 汽缸体　C. 汽缸盖　D. 油底壳

11. 干式纸滤芯保养的行驶里程为____________。 ( )

A. 10 000 km　B. 12 000 km　C. 15 000 km　D. 18 000 km

12. 排气再循环装置可以降低＿＿＿＿＿＿的生成。　(　　)

A. CO　B. NO_x　C. CH　D. SO_2

13. 柴油发动机混合气是在＿＿＿＿＿＿内形成的。　(　　)

A. 化油器　B. 进气管　C. 燃烧室　D. 汽缸

14. 下列不属于润滑系统作用的是＿＿＿＿＿＿。　(　　)

A. 起动　B. 润滑　C. 清洗　D. 冷却

15. 发动机润滑系统故障中较多见且危害最严重的是＿＿＿＿＿＿。　(　　)

A. 油压过高　B. 油压过低　C. 水温不正常　D. 泄漏

三、判断题

1. 在一定范围内,增大发动机的压缩比可以提高发动机的热效率,但汽油发动机的压缩比不能像柴油发动机的那么高,太高时易爆燃,因此汽油发动机的耗油量比柴油发动机的高。　(　　)

2. 汽油发动机压缩比愈大,对汽油的品位要求愈低。　(　　)

3. 在 S 或 C 后面的字母每递增一个字母,机油的性能都会优于前一种。　(　　)

4. 四缸四冲程发动机的发火间隔角为 180°,而六缸四冲程汽油发动机的发火间隔角为 60°。　(　　)

5. 锥形环和扭曲环在安装时,没有方向性,可以任意安装。　(　　)

6. 空气蒸汽阀也称水箱盖,实际上是由空气阀和蒸汽阀组成的一个处于常闭状态的单向阀。　(　　)

7. 汽车发动机前面的冷却用风扇一般多采用前湾、吸风螺旋桨式风扇。　(　　)

8. 节温器可以自动控制冷却水的大循环和小循环。　(　　)

9. 汽缸盖螺栓不可一次拧紧或拧松,要遵守一定的顺序,拆卸时先拆四周的,装配时先紧中间。　(　　)

10. 润滑系统技术状况的好坏经常用机油压力高低和润滑油的品质来确定。　(　　)

四、名词解释

1. 干式缸套

2. 配气相位

3. 汽缸工作容积

4. 冷却水大循环

5. 溢油消除

五、简答题

1. 冷却水水温过高的原因有哪些?

2. 汽车发动机的类型有哪些?

3. 燃油供给系统的作用及组成各是什么?

4. 清除故障码的方法有哪些?

六、问答题

主轴承异响的故障现象、原因各是什么?燃油压力调节器的作用、组成及工作原理是什么?

测试题四

一、填空题

1. IN 码一般位于车辆的____________表面、易于看到且能防止____________的部位。

2. 汽缸盖裂纹的修复方法主要有____________、焊修法、____________等。

3. 空气滤清的方式包括____________、过滤式、____________三种。

4. 燃油滤清器分为____________和____________两种。

5. 根据冷却介质不同，发动机的冷却方式有____________和____________两大类。

6. 机油滤清器分为____________和____________两种。

7. 清除故障码的方法有____________和____________。

8. 汽车发动机的正常工作温度为____________。

二、单项选择题

1. 扭曲环扭曲的原因是____________。 (　　)

A. 加工成扭曲　　B. 弹性内力不对称

C. 气体压力作用　　D. 惯性力作用

2. 梯形环和桶面环多为柴油机的____________。 (　　)

A. 第一道环　　B. 第二道环　　C. 第三道环　　D. 第四道环

3. 进排气门在排气上止点时____________。 (　　)

A. 进气门开，排气门关　　B. 进气门关，排气门开

C. 进排气门全开　　D. 进排气门全关

4. 以下可以互换的零件是____________。 (　　)

A. 活塞连杆组　　B. 轴承盖　　C. 气门　　D. 火花塞

5. 水冷却系统中，冷却水的大、小循环路线由____________控制。 (　　)

A. 风扇　　B. 百叶窗　　C. 节温器　　D. 分水管

6. 四冲程发动机产生动力的行程是指____________。 (　　)

A. 做功行程　　B. 排气行程　　C. 压缩行程　　D. 进气行程

7. 粗机油滤清器上有旁通阀，当滤芯堵塞时，旁通阀打开，机油进入____________。 (　　)

A. 机油泵　　B. 细滤清器　　C. 主油道　　D. 油底壳

8. 检测曲轴转角和发动机转速的信号是____________。 (　　)

A. 判缸信号　　B. 转速信号　　C. G 信号　　D. 转子信号

9. 可以提供燃油喷射所需要的压力燃油的是____________。 (　　)

A. 电动燃油泵　　B. 传感器　　C. 电脑　　D. 喷油器

10. 发动机润滑系统故障中较多见且危害最严重的是____________。 (　　)

A. 油压过高　　B. 油压过低　　C. 水温不正常　　D. 泄漏

三、多项选择题

1. 关于汽缸磨损,下列说法正确的是____________。 ( )

A. 在正常情况下,汽缸的磨损很均匀

B. 在活塞环运动区域内呈上大下小的不规则的锥形磨损

C. 磨损的最大部位在汽缸的中间

D. 汽缸沿圆周方向的磨损为不规则的椭圆形

2. 发动机凸轮轴磨损的危害中,错误的是____________。 ( )

A. 气门开度增大 B. 充气系数降低 C. 配气相位变化 D. 发动机噪声增大

3. 以下发动机零件中属于压力润滑的是____________。 ( )

A. 汽缸壁 B. 凸轮表面和挺柱

C. 曲轴颈及轴承 D. 摇臂轴及摇臂

4. 汽油发动机燃烧室包括____________。 ( )

A. 球形 B. 椭圆形 C. 楔形 D. 半球形

5. 汽车首次保养的主要内容是____________。 ( )

A. 更换机油 B. 更换机油滤清器

C. 更换空气滤清器 D. 调整气门间隙

四、判断题

1. 活塞环的泵油作用,可以加强对汽缸上部的润滑,因此是有益的。 ( )

2. 各种形式的曲轴的曲拐数与汽缸数相同。 ( )

3. 活塞与汽缸壁间隙过大易出现"拉缸"。 ( )

4. 非增压发动机在进气结束时,汽缸内压力小于外界大气压。 ( )

5. 高速发动机为了提高充气性能和排气性能,采用增加进气提前角和排气迟后角的方法,以改善发动机的性能。 ( )

6. 气门摇臂是以摇臂轴为支点的等臂杠杆。 ( )

7. 加注润滑油时,加注量越多越有利于润滑。 ( )

8. 柴油发动机和汽油发动机电控燃油喷射系统的控制系统相同,都由电脑、传感器和执行器三部分制成。 ( )

9. 任何水都可以作为冷却水使用。 ( )

10. NO_x 是在高温、富氧的条件下生成的。 ( )

五、名词解释

1. 湿式缸套

2. 配气相位

3. 飞溅润滑

4. 气门重叠角

六、简答题

1. 如何检查节温器是否合格？

2. 燃油压力调节器的作用是什么？

3. 节温器的作用有哪些？

4. 喷油器的类型有哪些？

测试题五

一、填空题

1. 发动机按燃料分为____________和____________。

2. ____________指汽缸总容积与燃烧室容积的比值。

3. 发动机的工作过程是一个周期性的将燃料燃烧的____________转变为____________的过程。

4. 汽缸盖裂纹的修复方法主要有____________、____________、焊修法等三种。

5. 为了防止水箱撑裂和压瘪,在水箱盖上设置了____________和蒸汽阀。

6. 电子控制燃油喷射系统由____________、____________、执行器三部分组成。

7. 汽车首次保养的主要内容是____________和____________。

8. 节气门位置传感器是____________中的一个重要传感器。

9. 三元催化器是安装在汽车排气系统中最重要的____________装置。

二、选择题

1. 在四冲程发动机的工作循环中,活塞在高压气体压力的作用下由上止点向下止点运动的是____________。 (　　)

A. 进气行程　B. 压缩行程　C. 做功行程　D. 排气行程

2. 下列各零件中属于曲轴飞轮组的是____________。 (　　)

A. 汽缸　B. 汽缸盖　C. 曲轴　D. 汽缸套

3. 下列属于曲轴组成部分的是____________。 (　　)

A. 皮带轮　B. 平衡重　C. 飞轮　D. 活塞

4. 采用两次调整法调整气门间隙时,两次旋转曲轴的转角差值为____________。 (　　)

A. 180°　B. 360°　C. 540°　D. 720°

5. 下列关于强制循环式水冷系统组成中,错误的是____________。 (　　)

A. 风扇　B. 集滤器　C. 散热器　D. 节温器

6. 下列采用压力润滑的零件是____________。 (　　)

A. 推杆　B. 活塞　C. 汽缸壁　D. 主轴承

7. 将洁净的空气分配到各缸进气道的装置是____________。 (　　)

A. 进气管　B. 进气道　C. 滤清器　D. 进气歧管

8. 汽油泵供油量的多少取决于____________。 (　　)

A. 泵膜行程大小　B. 泵室大小　C. 进油腔大小　D. 出油腔大小

9. 正温度系数的热敏电阻,其阻值随温度的升高而____________。 (　　)

A. 升高　B. 降低　C. 不受影响　D. 后低

10. 以下关于柴油发动机的说法,正确的是____________。 (　　)

A. 压缩比较大　B. 热效率低　C. 排气噪声小　D. 经济性差

三、判断题

1. 二冲程汽油发动机的燃料经济性不如四冲程,但由于它的结构简单,制作费用低,在摩托车和微型汽车中被广泛采用。 ( )

2. 四缸四冲程汽油发动机的发火间隔角为 180°,而六缸四冲程汽油发动机的发火间隔角为 120°。 ( )

3. 锥形环和扭曲环在安装时,没有方向性,可任意安装。 ( )

4. 在气门完全关闭时,摇臂与气门杆尾端之间的间隙称为气门间隙,在使用过程中会发生变化。 ( )

5. 汽缸的装配间隙是指汽缸直径与活塞裙部最大直径之差。为了提高装配精度,保证合适的汽缸间隙,活塞与汽缸的配合采用分组选配,在活塞的顶部有分组记号。 ( )

6. 连杆盖与连杆、主轴承盖与缸体轴承坐孔可以互换或变更方向安装。 ( )

7. 四缸四冲程汽油发动机的工作顺序仅为 1—2—4—3,而六缸四冲程汽油发动机的工作顺序为 1—5—3—6—2—4 或 1—4—2—5—3—6。 ( )

8. 发动机润滑系统中旁通阀的作用是在机油粗滤器堵塞时,以确保发动机各部分的正常润滑。 ( )

9. 目前汽车发动机上广泛采用蒸发式水冷却系统。 ( )

10. 空气蒸汽阀也称为水箱盖,实际上是由空气阀和蒸汽阀组成的一个单向阀。 ( )

四、名词解释

1. 全浮式活塞销

2. 配气相位

3. 非全支承曲轴

4. 压力润滑

5. 冷却水大循环

五、简答题

1. 简述四冲程发动机的作用。

2. 燃油供给系统的作用及组成各是什么？

3. 汽缸压缩压力的检测方法是什么？

六、问答题

试回答节温器的更换步骤。

测试题六

一、选择题

1. ________可以减少零件的磨损。 ( )

A. 增加零件的尺寸　　B. 增加零件的质量

C. 增加零件的表面硬度　　D. 增加零件的刚度

2. 根据交通运输部《汽车运输业车辆技术管理规定》，车辆维护应贯彻预防为主、________检测、强制维护的原则。 ( )

A. 定期　B. 强制　C. 视情　D. 定公里

3. 所有汽缸工作容积的总和称为发动机________。 ( )

A. 燃烧室容积　B. 汽缸工作容积　C. 汽缸总容积　D. 排量

4. 压缩比等于________与燃烧室容积的比值。 ( )

A. 汽缸总容积　　B. 汽缸工作容积

C. 发动机容积　　D. 排量

5. 在工作循环中，汽油机的排气终了压力________大气压力。 ( )

A. 高于　B. 低于　C. 等于　D. 高于或等于

6. 燃油消耗率的单位是________。 ( )

A. L/100 km　B. L/100(t · km)　C. g/(kW · h)　D. g/kW

7. 型号 YZ6102Q 所表示的是________发动机。 ( )

A. 增压　B. 二冲程　C. 风冷　D. 汽车用

8. 活塞在制造中，其头部有一定锥度，主要是由于________。 ( )

A. 节省材料　　B. 可减少往复运动惯性力

C. 润滑可靠　　D. 活塞在工作中受热不均匀

9. 扭曲环之所以会扭曲是因为________。 ( )

A. 加工成扭曲　　B. 环断面不对称

C. 气体压力的作用　　D. 惯性力的作用

10. 发动机汽缸磨损的检验，主要检验其________。 ( )

A. 直线度和同轴度　　B. 圆度和圆柱度

C. 垂直度和圆跳动　　D. 平行度和平面度

11. 测量汽缸直径时，当量缸表显示到________时，即表示测杆垂直于汽缸轴线。 ( )

A. 最大读数　B. 最小读数　C. 中间值读数　D. 任意读数

12. ________燃烧室是轿车发动机的典型燃烧室。 ( )

A. 盆形　B. 球形　C. 楔形　D. 半球形

13. 进排气门在排气上止点时________。 ( )

A. 进气门开、排气门关　　B. 排气门开、进气门关

C. 进、排气门全关　　D. 进、排气门叠开

14. 下列关于冷却液的作用中,错误的是____________。 (　　)
A. 防冻　B. 抑制泡沫　C. 提高工作温度　D. 防锈蚀

15. 为使多缸发动机各缸冷却均匀而设置____________。 (　　)
A. 水套　B. 节温器　C. 水泵　D. 分水管

16. 汽缸壁采用的润滑方式是____________。 (　　)
A. 压力润滑　B. 飞溅润滑　C. 润滑方式不定　D. 两种方式都有

17. 润滑系统中,润滑油的主要流向是____________。 (　　)
A. 集滤器—机油泵—粗滤器—细滤器—主油道—油底壳
B. 集滤器—机油泵—细滤器—主油道—油底壳
C. 集滤器—机油泵—粗滤器—主油道—油底壳
D. 集滤器—粗滤器—机油泵—主油道—油底壳

18. 燃油压力调节器调节油压的范围是____________。 (　　)
A. 0. 20~0. 35 MPa　B. 100~150 kPa　C. 1~1. 5 MPa　D. 15~30 kPa

19. 发动机冒灰白烟,其原因一定不是____________。 (　　)
A. 点火过迟　B. 喷油器雾化不良
C. 柴油品质不良　D. 滤清器堵塞

20. 缸径的加大不是任意的,而是分级的,通常有__________级修理尺寸。 (　　)
A. 五　B. 六　C. 七　D. 八

二、判断题

1. 在零件的拆卸范围顺序上应本着“先装的先拆,后装的后拆,能同时拆就同时拆”的原则。 (　　)

2. 柴油发动机的压缩比大于汽油发动机的压缩比。 (　　)

3. 偏置销座的活塞,其销座的偏移方向朝向做功行程时活塞受侧压力大的一侧。 (　　)

4. 活塞裙部膨胀槽一般开在受侧压力较大的一面。 (　　)

5. 为了获得较大的充气系数,一般发动机进气锥角大多采用 30°。 (　　)

6. 液压挺柱不需要调整气门间隙。 (　　)

7. 机油细滤器用来清除微小的杂质、胶质与水分,由于它的阻力较大,多继机油粗滤器之后串联在润滑油中。 (　　)

8. 更换发动机油时应同时更换或清洗机油滤清器。 (　　)

9. 因为柴油比汽油蒸发性好,所以柴油不需要点燃,仅依靠压缩行程终了时气体的高温即可自燃。 (　　)

10. 在汽油发动机中,汽油首先雾化,继而蒸发与空气混合形成可燃混合气。这一过程是在化油器中开始的,并在进气管和汽缸中继续进行。 (　　)

三、名词解释

1. 配气正时

2. 压缩比

四、简答题

1. 简要回答四冲程汽油发动机的工作原理。

2. 简述汽缸密封性差的主要现象。

3. 三元催化器使用中的注意事项有哪些?

4. 发动机的总体构造由哪些部分组成?

5. 发动机冷却系统的组成和作用各是什么?

6. 举升车辆的注意事项有哪些?

五、问答题

试回答节温器的检查和更换步骤。

参考答案

项目一　发动机概述

一、填空题

1. 内燃机、外燃机

2. 发动机 动力源 水冷式四冲程内燃机、汽油发动机、柴油发动机

3. 曲柄连杆机构、配气机构、燃料供给系统、润滑系统、冷却系统、点火系统、电子控制系统、起动系统

4. 进气、压缩、做功、排气、做功

5. 两周、720°

6. 水冷式、风冷式。

7. 点燃式、压燃式

8. 燃烧室容积

9. 纯空气、可燃混合气

10. 曲柄半径

11. 单列式、双列式;直列式、V、对置式

二、选择题

1~5 ADCBC	6~10 AABCD	11~15 BBCBD
16~20 CBACB	21~25 AADDB	26 D

三、判断题

1~5√√×××	6~10 √×√√×	11~15×√√××
16~20×√×××	21~23×√×	

四、名词解释

1. 活塞顶离曲轴回转中心最远处。

2. 表面自燃着火,是在火塞点燃烧混合气之后产生。

3. 活塞在上下止点间扫过的汽缸的容积。

4. 活塞在上下止点之间的运行距离。

5. 发动机所有汽缸工作容积的总和。

6. 发动机各缸工作容积的总和。

7. 汽缸总容积与燃烧室容积之比。

8. 汽缸总容积与燃烧室容积之和。

五、简答题

1. 是将燃料燃烧产生的热能转化为机械能的机器。它是汽车的动力源,是汽车的"心脏"。

2. 按燃料种类分:柴油发动机、汽油发动机。

按冷却方式分:水冷发动机、风冷发动机。

按汽缸数分:单缸发动机、多缸发动机。

按汽缸排列方式分:单列式发动机、双列式发动机。

3. 按一个工作循环活塞运动次数分:二冲程发动机、四冲程发动机。曲柄连杆机构、配气机构、冷却系统、润滑系统、起动系统、燃油供给系统点火系统(柴油发动机无)。

4. 四冲程发动机经过进气、压缩、做功、排气四个过程,完成一个工作循环,对外做功一次,一个接一个的工作循环,维持发动机的正常运转。

六、问答题

1. 相同点:

(1)每个循环曲轴转两周,每一行程曲轴转半圈,进气行程进气门开,排气行程排气门开,其余两个行程进、排气门均关。

(2)四个行程中,只有做功行程产生动力,其余三个行程消耗能量。

(3)必须通过外力起动。

(4)工作循环基本内容相似,主要机件的运动相同,结构基本相同。

2. 不同点:

(1)混合气的形成方式不同:汽油发动机是缸外混合,柴油发动机是缸内混合。

(2)着火方式不同:汽油发动机是点燃式,柴油发动机是压燃式。

项目二　发动机机械系统

一、填空题

1~20. 略

21. 中间轴颈、径向圆跳动误差

22. 塞尺、止推凸缘

23. 普通挺柱、液压挺柱

24. 摇臂

25. 转速、外部负荷

26. 爆燃、早燃

27. 汽缸活塞磨损严重、活塞环断裂

28. 进气管真空度

29. 高温、高压、高速

30. 气门组、气门传动组

31. 整体式、分块式、单体式

32. 油环、密封、散热、刮油、布油

33. 黏结法、焊修法、堵漏法

34. 水压试验、气压试验

35. 顶部、头部、裙部

36. 平切口、斜切口、平切口、平切口、斜切口

37. 整体式、组合式、组合式油环
38. 环槽磨损、裙部磨损、外观检验
39. 检验仪
40. 端隙、侧隙、背隙、差
41. 全浮式活塞销、半浮式活塞销
42. 裂纹检测、变形、磨损
43. 磁力探伤法、浸油敲击法、着色显示法
44. 公共轴线、径向圆跳动误差
45. 磨损、破损、刮伤、顶部烧蚀、脱顶
46. 锥形锁片式、锁销式
47. 凸轮、凸轮轴轴颈

二、判断题

1~5 √××√√	6~10×√×√√	11~15 √××√×
16~20√××√×	21~25√√√√×	26~27×√

三、选择题

1~15 略	16~20 BACDB	21~25 CDABB
26~30 CDABC	31~35 BADBB	36~40 CBBAB
41~45 ABCBB	46~50 CCBBB	51~55 AAACA
56~60 CBABB	61~65 CDBAB	66~68 CBC

四、名词解释

1. 用曲轴转角表示气门开启及关闭时刻和开启的持续时间,称为配气相位。

2. 用螺栓将活塞销夹紧在连杆小头孔内,活塞销只在活塞销孔内转动,在小头孔内不能转动。

3. 活塞销在连杆小头孔和活塞销孔中自由转动,可以保证活塞销沿圆周均匀磨损。

4. 从进气门开始开启到上止点所对应的曲轴转角称为进气提前角。

5. 在活塞处于排气上止点附近,出现进排气门同时开启的现象称为气门叠开。

6. 进、排气门同时开启的角度称为气门重叠角。

7. 气门密封锥面与气门顶部平面之间的夹角。

8. 进、排气道口与气门密封锥面直接贴合的部位称为气门座。

9. 在发动机工作中,配气机构零件会受热膨胀,从而导致气门关闭不严,因此在摇臂和气门杆尾端之间留有一定的间隙,称为气门间隙。

五、简答题

1. 曲柄连杆机构是发动机实现热能与机械能相互转换的主要机构。其主要功能是将汽缸内气体作用在活塞上的力转变为曲轴的旋转力矩,从而输出动力。曲柄连杆机构可分为机体组、活塞连杆组和曲轴飞轮组。机体组主要由汽缸体、汽缸盖、汽缸垫等组成;活塞连杆组主要由活塞、活塞环、活塞销、连杆、连杆盖、连杆轴承和连杆盖螺栓等组成;曲轴飞轮组主要由曲轴、飞轮和曲轴轴承等组成。

2. (1)按气门数量分,有两气门、三气门、四气门、五气门等。

(2)按气门布置形式分,有侧置气门配气机构和顶置气门配气机构。

(3)按凸轮轴布置形式分,有凸轮轴下置、凸轮轴上置、凸轮轴中置三种。

(4)按驱动方式分,有齿轮传动、链条传动、齿形皮带传动等。

3.(1)按汽缸排列形式分为:直列式、对置式、V型、W型。

(2)按汽缸结构形式分为:无汽缸套式机体、干汽缸套式机体、湿汽缸套机体。

(3)按曲轴箱结构形式分为:平底式、龙门式、隧道式。

4.(1)将汽缸盖、汽缸体和汽缸垫按要求装合在一起。

(2)将水压机水管接汽缸体进水口处,并将其他水口封住。

(3)用水压机将水压入水套,压力为0.2~0.4 MPa时,保持5 min。若汽缸体无水珠出现,表明无裂纹。

5.汽缸垫的作用是保持汽缸密封不漏气,保持由机体流向汽缸盖的冷却液和机油不泄漏。

类型包括:金属-石棉衬垫、金属-复合材料衬垫和全金属衬垫等。

6.与汽缸盖、汽缸壁共同构成燃烧室,承受汽缸中气体的压力,并将此压力通过活塞销和连杆传给曲轴。

7.(1)按气环的切口形状分,有直边切口、阶梯型切口、斜边切口。

(2)按气环的断面形状分,有矩形环、锥面环、扭曲环、反扭曲环、梯形环、桶面环等。

8.(1)在活塞环端口左右30°范围内不应有漏光。

(2)在同一活塞环上漏光点不得超过两个,每处漏光弧长所对应的圆心角不得超过25°,同环上漏光弧长所对应的圆心角之和不得超过45°。

(3)漏光处的缝隙应不大于0.03 mm,当漏光缝隙小于0.015 mm时,漏光弧长所对应的圆心角之和放宽至120°。

9.作用是把活塞、连杆传来的气体作用力转变为转矩,用于驱动汽车的传动系统和发动机的配气机构圆以及其他辅助装置。

(1)按单元曲拐连接方法的不同,分为整体式、组合式。

(2)按曲轴主轴颈数的多少,分为全支承曲轴和非全支承曲轴。

10.(1)活塞环开口错开120°。

(2)活塞环标记"TOP"朝向活塞顶部。

(3)注意活塞所属汽缸。

(4)活塞头部上的箭头指向皮带轮侧。

(5)使用活塞环夹紧箍。

(6)安装活塞销时加热活塞至60 ℃。

(7)注意连杆所属汽缸和方向。

(8)连杆螺栓拧紧力矩。

11.略

12.(1)能提高密封性和导热性。

(2)气门落座时,有自定位作用。

(3)避免气流拐弯过大而降低流速。

(4)能挤掉接触面的沉淀物,起自洁作用。

13. (1)气门弹簧出现断裂、歪斜、弹力减弱现象时,应予以更换。

(2)弹力小于原厂规定的10%时应更换。

(3)弹簧的自由长度差超过2 mm时应更换。

(4)气门弹簧如有歪斜应更换。

14. 作用是克服气门关闭过程中气门及传动件因惯性力而产生的间隙,保证气门及时落座并紧密贴合,同时防止气门在发动机振动时因跳动而破坏密封。气门弹簧为圆柱形螺旋弹簧。

15. (1)使气门的最大开度和气门的充气系数降低。

(2)配气相位失准。

(3)改变气门上下运动的速度特性。

(4)影响发动机的动力性、经济性等。

16. 检查正时齿形带的张紧度,用手指在正时齿轮和中间齿轮之间捏住正时齿形带,以刚好能转过90°为合适,调整张紧轮固定螺母并拧紧。将曲轴转2~3圈后,复查确认。

17. (1)发动机起动困难甚至不能起动。

(2)最高车速达不到。

(3)加速时间延长。

(4)最大爬坡能力下降。

(5)燃料与机油消耗增加。

(6)排烟增多且有异常气味。

18. (1)发动机预热达到正常的工作温度。

(2)用一条长约30 cm的真空管将真空表接到进气歧管处,选择这个长度是为了阻止表针的过量动。

(3)变速器处于空挡位置,发动机怠速运转。

(4)读取真空表的读数。

19. 测量汽缸磨损时,必须测量包括汽缸最大磨损部位在内的活塞在汽缸全行程内上、中、下三个测量断面,每个断面测量汽缸纵向和横向两条直径,才能测量出汽缸的最大磨损量及汽缸的圆度和圆柱度误差。

六、问答题

1. 现象:(1)发动机怠速时,在汽缸的上部发出清晰的敲击声,好像用小锤轻敲水泥地面产生的"嗒嗒嗒"的声音。

(2)发动机低温时响声明显,温度升高后响声减弱或消失,怠速或中速时响声明显,中高速时响声一般减弱或消失。

(3)该缸断火后,响声减弱或消失。

原因:(1)活塞与汽缸壁间隙过大。

(2)汽缸壁润滑条件不佳。

方法:略。

2. (1)安装一号链条振动阻尼器。

(2)安装二号链条振动阻尼器,安装链条分总成。

(3)安装链条张紧器导板。

(4)安装正时链条盖分总成。

(5)安装一号链条张紧器总成。

(6)安装曲轴皮带轮。

(7)安装气门室罩盖。

3. 第 1 步:起动发动机,使水温达到 80 ℃以上。

第 2 步:停机后,拆下空气滤清器,用压缩空气吹净火花塞或喷油器周围的灰尘或脏污,中止点火系统和燃油喷射系统,蓄电池电量必须充足。

第 3 步:卸下全部火花塞或喷油器,并按汽缸次序放置。

第 4 步:把汽缸压力表的橡胶接头插在被测缸的火花塞孔内,扶正压紧。

第 5 步:把节气门和阻风门置于全开位置,用起动机转动曲轴 3~5 s。

第 6 步:待压力表压力指示并保持最大压力后停止转动。

第 7 步:取下汽缸压力表,记下读数。

第 8 步:按下单向阀使压力表指针回零。

第 9 步:按上述方法依次测量各缸,每缸测量次数不少于 2 次,取平均值。

4~18. 略

项目三　进排气系统

一、填空题

1. 干式滤清器、湿式滤清器

2. 安全滤芯、在安装和更换主滤芯或主滤芯偶然损坏时防止灰尘进入发动机

3. 油浸式、油浴式

4. 农业机械、船用动力

5. 惯性式、过滤式、油浴式

6. 进气管;滤除空气中灰尘、沙粒的作用,保证汽缸中进入足够、清洁的空气

7. 空气滤清器、发动机缸体

8. 传统拉线式、电子节气门

9. 进气波动效应、可变长度进气歧管、可变截面面积进气歧管

10. 减少排气阻力、各缸之间的相互干扰

11. CO、HC、NO_x、CO_2、H_2O、N_2

12. 四气尾气分析仪、五气尾气分析仪、五气尾气分析仪

13. 气路系统、红外光学平台、传感器、信号采集处理系统

14. 废气能量、压缩机、进行加压

二、选择题

1~5 BADDC　　　　6~10 BCCDA

三、简答题

1. 作用是在发动机工作循环时,不断地将新鲜空气或可燃混合气送入燃烧室,又将燃烧后的废气排到大气中,保证发动机连续运转。

2. 通过节气门位置传感器,来根据发动机所需能量控制节气门的开启角度,从而调节进气量的大小。

3. (1)装有三元催化器的汽车不能使用含铅汽油。

(2)避免未燃烧的混合气进入催化器。

(3)行驶在不平整的道路上时应特别注意不要“拖底”。

(4)出现不正常的工作状况,应及时停车检查,因为这些状况可导致催化转换器永久性损坏。

(5)行驶中的车辆切勿切断点火开关。

(6)在车辆保养时做好对三元催化器的检查。

4. 三元催化器开始起作用的温度是 200 ℃左右,最佳工作温度在 400~800 ℃,超过 1 000 ℃后催化作用减弱。

5. (1)排气管有无异响。

(2)排气管有无开裂或外壳压扁之类的外观损坏。

(3)排气管有无催化剂颗粒排出。

6. 降低发动机的排气噪声,并使高温废气能安全有效地排出。包括抗性消音器、阻性消音器和阻抗复合型消音器。

7. (1)受检车辆发动机进气系统必须装有空气滤清器,排气系统必须装有排气消音器,且不能存在泄漏。

(2)被测车辆使用的汽油应符合要求。

(3)测量时发动机冷却液和润滑油应达到使用说明书所规定的状态,通常润滑油和冷却液的温度要达到 85 ℃以上。

(4)试验时将变速器置于空挡位置。

8. (1)可在结构尺寸变动不大的情况下,大幅度提高发动机的有效功率。

(2)回收了部分废气能量,换气时得到正功;尺寸减小,摩擦损失减少,改善混合气形成及燃烧过程。

(3)涡轮增压后空气量充足,改善了油气混合条件和燃烧过程,从而使柴油机的排烟量显著减少。

(4)热负荷与机械负荷升高导致涡轮过热。

(5)低速扭矩特性与动态性能下降,因增压器叶轮有较大惯性,使气体压力对动态过程的反应变慢。

四、问答题

1. 第 1 步:拆卸空气滤清器上的四条螺钉。

第 2 步:拆下空气滤清器的上壳体。

第 3 步:取出空气滤芯。

第 4 步:清洁空气滤清器壳体。

第 5 步:安装新的空气滤芯,安装时注意安装方向。

第 6 步:安装空气滤清器上壳体。

第 7 步:用十字螺丝刀固定滤清器上壳体的螺钉。

第 8 步:结束任务。

2. (1)检测时,发动机正常怠速应符合规定。

(2)测量结束时,将取样探头从排气管中取出后,应保证其在工作状态吸入 5 min 新鲜空气,待仪器读数归零后,方可检测下一辆汽车或关闭仪器左右排烟口的风扇,产生故障时严禁继续使用,否则将污染仪器的光学器件,会对仪器造成更大的损坏。

(3)测试时应注意试验环境的通风和试验安全,当在测试车辆底盘下固定或拆卸取样探头时,严禁移动车辆。

3~4. 略

项目四 燃油供给系统

一、填空题

1. 储存燃油、燃油油箱
2. 汽车后排排座
3. 防盗
4. 微孔滤纸、滤清效率高、成本低廉、更换方便
5. 20 000~40 000 km、1~2 年、燃油流动方向
6. 滤纸
7. 进气总管、存在各种工况下各缸混合气分配不均匀
8. 能较好地保证各缸混合气均匀
9. 上部、头部
10. 起动控制、运转控制、断油控制、反馈控制
11. 氧化传感器、排气管
12. 真空室、压力室
13. 电控喷射、共轨、涡轮增压中冷
14. 油箱、燃油泵、燃油压力调节器、燃油滤清器、喷油器
15. 柴油滤清器、汽油滤清器
16. 单点喷射、多点喷射
17. 分油器、喷油嘴及驱动线、玻璃管、显示器、工作台、超声波清洗槽
18. 叶片式、滚柱式、涡轮式、齿轮式
19. 单向出油阀、泄压阀、转子、定子、前轴承、泵壳体、叶轮、叶片
20. 上壳体、下壳体、膜片、弹簧、进油管、回油管、阀门、真空管
21. 电子控制单元、高压油泵、共轨管、电控喷油器、传感器

二、判断题

1~5×√×√× 6~10 √√××× 11~15 √×√√×

三、选择题

1~5 ADBAA 6~10 CDACB 11~12 AB

四、名词解释

1. 多点喷射系统指在每缸的进气门前或汽缸内均安装一只喷油器,空气和燃油在进气门附近形成燃油混合气。

2. 断油控制是电脑在一些特殊工况下暂时中断燃油喷射,以满足发动机运转中的特殊要求。

3. 开环控制是电脑按预先设定的控制程序计算并控制喷油量,对控制的结果不具备

反馈作用。

4. 闭环控制是利用传感器对每一瞬间进入发动机的混合气成分进行检测，并将检测结果输入电脑，电脑根据这一反馈信号不断修正喷油量，使混合气浓度始终保持在理想范围内。

5. 共轨技术指高压油泵、ECU、压力传感器组成的闭环系统中，将喷射压力的产生和喷射过程彼此完全分开的一种供油方式。

五、简答题

1. 作用是用电动汽油泵向喷油器提供足够压力的燃油，喷油器根据来自 ECU 的控制信号，向发动机喷射定量的燃油。组成包括油箱、燃油泵、燃油滤清器、燃油压力调节器、喷油器等。

2. 为了滤清燃油中的杂质和水分，防止燃油系统堵塞，减小机件磨损，保证发动机正常工作。包括汽油滤清器和柴油滤清器两种。

3. 喷油器是一种加工精度非常高的精密器件。要求动态流量范围大、抗堵塞和抗污染能力强、雾化性能好。

4. (1) 按喷油器数量分为单点喷射和多点喷射两种。

(2) 按电磁线圈电阻大小分为低阻式(2~5 Ω)和高阻式(12~17 Ω)两种。

(3) 按喷口大小形式分为轴针式和孔式两种。

5. (1) 拆下油泵保险，起动发动机运转直到熄火。

(2) 发动机熄火后起动 2~3 次，释放残留燃油压力。

(3) 将点火开关旋到 OFF 位置，装上燃油保险于保险盒内。

6. (1) 点火开关处于起动状态。

(2) 发动机转速低于 500 r/min。

(3) 节气门全开。

7. 可以保证各工况喷油压力恒定，使分配管内油压与进气管内压力差保持恒定。

8. (1) 共轨系统中的喷油压力柔性可调，对不同工况可确定所需的最佳喷射压力，从而优化柴油机综合性能。

(2) 可独立地柔性控制喷油正时，配合高的喷射压力，可同时控制 NO_x 和微粒在较小的数值内，以满足排放要求。

(3) 柔性控制喷油速率变化，实现理想喷油规律，容易实现预喷射和多次喷射，既可降低柴油机 NO_x 又能保证优良的动力性和经济性。

(4) 由电磁阀控制喷油，其控制精度较高，高压油路中不会出现气泡和残压为零的现象。

六、问答题

1. 作用是将堵塞的喷油嘴用超声波振动的原理将其内部的积炭清洗掉，并通过真实的模拟汽车的各种工况来检测此喷油嘴的各项指标。

功能：喷油器清洗机具有超声波清洗、测试、喷油量检测、检漏、反冲、加速检测、变速检测、单点喷射检测、免拆清洗、模拟工况检测、脉冲喷油检测等功能。

2. ①燃油系统泄压。②断开喷油器连接器。③断开进油管。④拆卸燃油导轨。⑤取出燃油导轨。⑥堵住喷油座孔。⑦进油管插入堵头。⑧取下喷油器。⑨安装喷油器。⑩安装燃油导轨。⑪连接进油管。⑫连接电插头。⑬喷油检测。⑭泄油。⑮按拆卸的相反方向进行操作和安装。⑯结束任务。

3. ①燃油系统泄压。②拆卸发动机罩。③拆下进气管与燃油分配管的接头。④连接燃油压力表。⑤打开油路开关。⑥观察怠速时燃油压力表的指示值。⑦拔下燃油压力调节器上的真空软管,观察燃油压力表的指示值。⑧安装好下燃油压力调节器上的真空软管,观察燃油压力表的指示值。⑨关闭发动机,将燃油压力表管路中的开关关闭。⑩继续观察燃油压力表压力,看其是否下降,从而判断燃油回路的密封性。⑪按安装燃油管的反方向安装燃油管路及发动机罩盖。⑫结束任务。

4. 略

七、识图题

略

项目五　冷却系统

一、填空题

1. 强制循环式水冷系、水冷式、风冷式
2. 水泵
3. 蜡式双阀式节温器
4. 散热器、水泵、节温器、冷却风扇、储液罐
5. 乙二醇、防腐蚀添加剂、抗泡沫添加剂、水
6. 散热器盖、上水室、散热器芯、下水室
7. 纵流式、横流式
8. 管片式、管带式、板式
9. 散热器、发动机,提高空气流速、提高散热效果
10. 温控开关控制式、电脑控制式
11. 水暖式、气暖式
12. 单独暖风机总成、整体空调、整体空调
13. 支架、主阀门、弹簧、推杆、石蜡、副阀门

二、选择题

1~5 DACCC	6~10 DBABA	11~15 DACAC
16~20 BCBCB	21~25 DCBAA	26~29 CBCC

三、判断题

1~5××××√	6~10××××√	11~15 √×√√√
16~20√×××√	21×	

四、名词解释

1. 当发动机水温高于 80 ℃时,节温器主阀门打开,副阀门关闭。冷却液全部经主阀门进入散热器散热后由水泵送入汽缸体水套。这种循环方式称为大循环。

2. 当发动机水温低于 70 ℃时,节温器主阀门关闭,副阀门打开。冷却液经节温器副阀门、旁通管进入水泵后被送入汽缸体水套,由于冷却液不经过散热器散热,便于发动机快速升温,这种循环方式称为小循环。

五、简答题

1. 避免发动机过热或者过冷,使发动机在适宜的温度范围内工作。

2. 发动机过热,充气效率下降,早燃和爆燃倾向加大,发动机功率下降;零件间隙变

小,导致不能正常运动,甚至卡死、损坏;润滑油黏度减小,使零件磨损加剧。发动机过冷:进入汽缸的混合气或空气温度低而点燃困难,造成发动机功率下降、油耗上升;润滑油黏度增大,零件磨损加剧。

3. 发电机组的风扇皮带如果过松,就会出现打滑,造成风扇和水泵转速降低,进而会影响发电机组的散热性能;而过紧也会使轴和轴承磨损加剧。因此,发电机组的风扇皮带必须保持正常的松紧度,以保证冷却系统正常工作。

可以采取这样的方法:在皮带中部用 30~50 N 的力按下或拉起,皮带与原来位置相差 15~20 mm,皮带的松紧度视为正常,否则应进行调整。其方法按不同构造分为三种:一是设有张紧轮结构的。可松开固定螺母,拧转调节螺钉,上下移动张紧轮,以达到所需要的松紧度;二是风扇和发电机共用一根皮带驱动的,可移动发电机支架,改变其皮带轮位置,以达到所需要的松紧度;三是皮带轮由两半组成的,先松开固定螺栓,然后旋转可调的半边皮带轮,以此改变所合成的皮带轮槽宽,从而升降三角皮带,达到所需要的松紧度。

掌握了正确的调整方法之后,遇到机组水箱高温不下的情况,应停机检查,调整风扇皮带的松紧度;严重磨损或折断的风扇皮带应及时更换。另外,如果发电机风扇皮带是两根的话,必须同时更换,以免其松紧不一,导致用力不均,引起机组故障。

4. 冷却液中防腐蚀添加剂和抗泡沫添加剂会在使用过程中逐渐地丧失应有的功能,以至于无法对冷却系统内部进行很好的保护,也就是说,在冷却系统不发生泄漏的前提下,冷却液对温度的控制基本不会变,但由于添加剂失效,特别是抗泡沫添加剂,在水泵叶轮的搅动下,会使冷却液产生泡沫,气泡会大大削弱冷却液的效果。所以,冷却液要定期更换。

5. 一方面水垢是热的不良导体;另一方面当水垢增加到一定程度时,就会使管路变窄,水的流量随之减少,就会影响发动机散热,造成发动机过热。

6. 将节温器置于热水中,一般节温器在水温达到 76 ℃时主阀门逐渐开启,在水温达到 86 ℃时主阀门完全开启;主阀门完全开启时,最大工作升程应为 7~10 mm。如果不符合上述要求,必须更换。

7. (1)掀起盖板用柔软绒布把盖板及棱镜表面擦拭干净。

(2)将待测液体用吸管滴于棱镜表面,合上盖板轻轻按压,将棱镜处对向明亮处。

(3)旋转目镜使视场内刻度线清晰,读出明暗分界线在标示板上相应标尺上的数值即可。

(4)测试完毕,用线布擦拭棱镜表面和盖板,清洗吸管,将仪器还放于包装盒内。

8. (1)发动机冷却液储液罐中的液面要处于最高刻度和最低刻度之间。

(2)检查冷却液的液面,应在发动机冷却的情况下进行。

(3)补充冷却液时,应将冷却液慢慢地灌入散热器。

(4)如果液面很低,而发动机温度很高,不要补充冷却液,应等到发动机温度冷却后再进行。

9. 根据冷却水温度的高低自动调节进入散热器的水量,改善水的循环范围,以调节冷却系统的散热能力,保证发动机在合适的温度范围内工作。

10. 大循环:由汽缸盖水套流出的循环水,经散热器流入水泵的循环流动路线。

大循环冷却水的流动路线:水泵—分水管—汽缸体水套—汽缸盖水套—节温器(上阀门打开,侧阀门关闭)—上进水管—散热器—下出水管—水泵。

小循环：由汽缸盖水套流出的循环水，经节温器侧阀门及旁通管而流入水泵的循环流动路线。

小循环冷却水的流动路线：水泵—分水管—缸体水套—缸盖水套—节温器（上阀门关闭，侧阀门打开）—旁通管—水泵。

六、问答题

1.（1）打开散热器盖。

（2）举升车辆。

（3）放出冷却液。

（4）安装散热器下水室的软管。

（5）加注新的冷却液。

（6）盖上散热器盖。

（7）起动发动机并暖机。

（8）小心开启散热器盖。

（9）检查冷却液液位。

（10）检查冷却系统是否有泄漏。

（11）结束任务。

2.（1）排放冷却液。

（2）拆卸蓄电池负极。

（3）拆卸发电机传动带。

（4）拆卸发电机。

（5）从支架上取出发电机。

（6）拆卸发电机上的线速。

（7）拆卸节温器盖。

（8）取出节温器。

（9）检查节温器。

（10）安装节温器。

（11）安装节温器盖、发电机与蓄电池负极。

（12）加注冷却液。

（13）结束任务。

3~6. 略

项目六　润滑系统

一、填空题

1. 压力润滑、飞溅润滑、定期润滑；压力润滑、飞溅润滑

2. 机油泵

3. 转子式机油泵、回齿轮式机油泵

4. 润滑、冷却

5. 更换机油、更换机油滤清器、使用寿命

6. 油底壳、机油泵、机油滤清器、机油集滤清器、限压阀、旁通阀、油道、机油散热器、机油压力传感器、机油压力表、机油温度表

7. 粗机油滤清器、细机油滤清器

8. 压力润滑、飞溅润滑、润滑脂润滑

9. 曲轴箱、链轮

10. ISO、汽油机油、柴油机油

11. 强化系数

12. 苛刻、越高

13. 中间偏上

14. 润滑、清洗、冷却、密封、防锈蚀

15. 滤芯、壳体、滤清器盖

16. 7 500

17. 转子泵、齿轮泵

18. 废旧

19. 更换机油、机油滤清器

二、判断题

1~5××√×√	6~10 √√√√√	11~15 √√×××
16~20 √√××√	21~25 √√√×√	26~30 √×××√
31~35 ×××√√	36~40 √×××√	

三、选择题

1~5 BCADA	6~10 BBAAB	11~15 CADAC
16~20 ACBAC	21~25 CBABC	26~30 BACAD
31~33 CBB		

四、名词解释

1. 在发动机转速和负荷较大部位，通过机油泵将一定压力的机油供入摩擦表面的润滑方式。

2. 在发动机负荷和转速不大的部位，利用发动机工作时运动件溅泼起来的油滴或油雾润滑摩擦表面的润滑方式。

3. 润滑系中机油的循环路线。

五、简答题

1. 在摩擦表面覆盖一层润滑油，使相互运动的零件表面形成一层薄的润滑油膜，以减小摩擦阻力，降低功率损失，减轻零件磨损，延长使用寿命。

2. ①润滑作用；②清洗作用；③冷却作用；④密封作用；⑤防锈蚀作用；⑥液压作用；⑦减震缓冲作用。

3. 作用是将一定量的润滑油从油底壳中抽出经机油泵加压后，源源不断地送至各零件表面进行润滑，维持润滑油在润滑系统中的循环。

位置：机油泵大多装在曲轴箱内，也有柴油机装于曲轴箱外面的。

4. (1) 如果不是通用油，则汽油发动机润滑油不能用于柴油发动机上；同样，柴油发

动机润滑油也不能用于汽油发动机上。不同标号的润滑油不得混用。

(2)质量等级较高的机油可替换质量等级较低的润滑油,反之则不能。

(3)经常检查润滑油的液面高度。

(4)注意车辆使用地区的气温变化,及时更换温度等级适宜的润滑油。

(5)适时换油。

(6)严防水分、杂质等污染润滑油。

5.(1)车辆举升前,卸去承载物,严禁重载举升。

(2)车辆举升时,车内不得有乘员,并关闭车门。

(3)车辆举升过程中严禁晃动车辆。

(4)车辆举升中,严禁车下站人或穿梭。

6.要求加注规定牌号的润滑油,加注量应符合规定要求;加注机油后液面应在机油尺上下刻度线的中间偏上位置。

危害:过多导致机油激溅,发动机运转阻力增大,机械效率降低;过少使系统油压下降,机件磨损加剧,严重时会造成烧轴抱瓦等机械事故。

7.将待检车辆停放于水平位置,待发动机停止运转 3~5 min 后,拔出机油标尺,擦净刻度尺的机油,然后将其插入套筒内,确定插入到位后,再次拔出机油标尺,观察油底壳中的油量在刻度尺上显示的位置。显示液面在上下刻度线的中间偏上为正常,偏下应添加适量机油,高于上刻度线应放出适量机油。

8.润滑油在使用过程中,添加剂被逐渐消耗,燃烧产生的污染物与机油混合产生油泥、沉积,时间一长,这些污垢不但会加速发动机的磨损,还会导致发动机锈化腐蚀、散热不畅等严重后果。因此,应及时更换机油和机油滤清器。

9.用来过滤润滑油中杂质、磨屑、油泥及水分等杂物,使送到润滑部位的都是干净清洁的润滑油,防止杂质对发动机造成磨损。

10.机油压力过低、机油压力过高、机油消耗过多等。

11.(1)预热发动机,先确认变速器处于空挡位置;打开点火开关,起动发动机并保持怠速运转 3~5 min。

(2)拆卸发动机装饰罩。

(3)检查泄漏。一旦发现存在有较严重的漏油现象,应修复后再进行换油作业。

(4)排放机油。当油底壳的排油孔不再滴油时,用抹布擦干净排油塞,并用手旋入排油塞。

(5)更换机油滤清器。

(6)加注机油。

(7)添加和检漏。

(8)安装发动机装饰罩。

(9)整理工位。

12~19.略

项目七　发动机电子控制系统

一、填空题

1. 电子控制单元、传感器、执行器
2. 综合控制
3. 电脑
4. 组合仪表板、电脑、数码管
5. 发动机舱、驾驶室仪表板
6. 16、驾驶室仪表板、五位
7. 数字显示、LED 显示、脉冲电压显示
8. 正常状态、试验状态
9. 人工清除、自动清除
10. G 信号(判缸信号)、Ne 信号(转速信号)
11. 进气凸轮轴、霍尔信号发生器、信号转子
12. 发光二极管、遮光转角、光敏晶体管、放大电路、分电器、信号发生器、信号盘
13. 分电器轴、360 条、曲轴转角
14. 水温传感器、进气温度传感器
15. 外金属壳体、内部的热敏电阻
16. 进气管、空气流量传感器
17. 信号转盘、光导体纤维、发光二极管、光敏晶体管
18. 机体
19. 传感器、信号控制开关、电子控制器、怠速控制阀、节气门旁通空气道
20. 双金属片式、石蜡式、平动电子阀式、旋转滑阀式、步进电机式
21. 空气供给系统
22. 进气管道、翼片式空气流量计、卡门旋涡式空气流量计、热线式空气流量计、热膜式空气流量计
23. 反光镜检测法、超声波检测法
24. 主流测量方式、旁通测量方式
25. 发动机机舱内、压敏电阻式、电容式
26. 进气管、节气门、怠速旁通气道、怠速调整螺钉、辅助空气阀
27. 普通点火系统、电控点火系统
28. 传感器、电子控制单元、点火器、点火线圈
29. 传感器、电子控制单元、点火器、点火线圈、火花塞
30. EFI、ISC
31. 点火提前角
32. 间接喷射、连续喷射
33. 电源、点火开关、传感器、电子控制单元、点火线圈、分电器、火花塞

二、选择题

1~5 ACBDB　6~10 CBAAC　11~15 BACAD

16~20 ABCCB　21~25 BBCAA　26~30 CBDBC

31~35 DCAAC　36~39 BBAB

三、判断题

1~5×××√×　6~10 √√√√×　11~15√√√××

16~18 √√√

四、名词解释

1. 正常状态是在发动机不运转的状态下读取的故障码。

2. 试验状态是在汽车以一定的速度行驶后,再读取的发动机的故障码。

五、简答题

1. 根据发动机的不同工况,向发动机提供最佳空燃比的混合气和最佳点火时间,使发动机始终处在最佳工作状态,使发动机的性能达到最佳。

2. (1)用跨接线进入。

(2)转动 ECU 控制装置上的"诊断开关"进入。

(3)用点火开关 ON→OFF→ON→OFF→ON 循环动作的方法进入。

(4)用读码器、故障诊断仪、扫描仪,示波器、专用检测仪等仪器进入故障自诊断系统并读取故障码。

3. 作用是用于检测曲轴的位置和转速,ECU 利用其信号进行以下控制:各缸喷油和点火的顺序;各缸喷油位置;各缸喷油量;点火正时;怠速等。

4. 用于检测发动机冷却液温度,给电子控制单元提供发动机冷却液温度信号,作为燃油喷射和点火正时控制的修正信号。

5. (1)接收传感器或其他装置输入的信息,给传感器提供 5 V、8 V 12 V 参考电压等,将输入的信息转变为 ECU 所能接收的信号。

(2)存储、计算、分析处理信息。

(3)运算分析器。

(4)输出执行命令。

(5)自我修正功能。

6. (1)关闭点火开关,打开发动机室罩盖。

(2)找到水温传感器位置。

(3)拔下水温传感器插头。

(4)取下水温传感器卡子。

(5)用手取下水温传感器。

(6)测量水温传感器的阻值,判断其好坏。

7. (1)将传感器放入装有热水的容器中。

(2)用万用表测量水温传感器两个端子之间的阻值。

(3)电阻值应符合要求,如不符合应更换新的传感器。

8. 是储存并滤清汽油,根据发动机各工况的要求向发动机供给清洁的,具有适当压力并经过精确计量的燃油。

9.(1)点火装置应能产生足以击穿火花塞间隙的高压电,一般最高电压达20~30 kV。

(2)电火花应具有足够的点火能量,一般发动机正常工作时需0.01~0.05 J,低温起动时需0.10 J。

(3)能根据发动机工况的变化通过最佳的点火时刻,以使发动机产生最大的功率。

(4)在特殊使用条件下行驶时,点火系统必须可靠地工作。

六、问答题

1.(1)将OBD-Ⅰ接头与诊断仪器连接。

(2)找到诊断插座位置。

(3)将接头与汽车诊断接口连接。

(4)打开点火开关A。

(5)打开仪器电源,进入汽车诊断系统。

(6)选择汽车生产年代,点击"OK"按钮,此时系统自动连接。

(7)连接完毕,点击"OK"按钮,然后选择控制模块。

(8)选择"动力总成",选择变速箱类型。

(9)选择读取故障码,然后显示故障码。

(10)根据故障码提示内容,进行故障排除,然后就可以消除故障码,点击清除故障码,"是""OK"后,故障码清除。显示无故障码。

(11)然后再次读取故障码,显示无故障。

2.(1)松开电瓶负极螺母,断开电瓶负极。

(2)拆卸怠速电机。

(3)检查节气门位置传感器。

(4)拆卸节气门位置传感器。

(5)装上新的节气门位置传感器。

(6)安装怠速电机。

(7)安装电瓶负极。

(8)让车辆自学习。

(9)发动汽车,完成更换。

3~10.略

测试题一

一、填空题

1.发动机

2.5~9 mm

3.2:1

4.强制循环式水冷系统

5.主油道的机油压力

6.机油压力过低

7. 12 000 km

8. 燃油供给系统

9. NO_x

10. 0. 25~0. 30 mm

二、选择题

1~5 ABBBA 6~10 BABBA

三、判断题

1~5 √√××√ 6~10 √×√√√

四、名词解释

1~4. 略

5. 是在汽车以一定的速度行驶后,再读取的发动机的故障码。

五、简答题

1. 活塞环有气环和油环两种。气环作用是密封、散热;油环作用是刮油、布油。

2. 测量汽缸磨损时,必须测量包括汽缸最大磨损断面在内的活塞全行程内的上、中、下三个断面。每个断面必须测量发动机纵向和横向两条直径,才能正确地测量出汽缸的最大磨损量及圆度和圆柱度误差。

3. (1)数字显示——故障以数码的形式显示在组合仪表盘上。

(2)LED 显示。

(3)脉冲电压显示——大部分汽车微机控制自诊断系统采用这种显示方式。

4. 略

5. (1)用跨接线进入。

(2)转动 ECU 控制装置上的"诊断开关"进入。

(3)用点火开关 ON→OFF→ON→OFF→ON 循环动作的方法进入。

(4)用读码器、故障诊断仪、扫描仪、示波器、专用检测仪等仪器进入故障自诊断系统并读取故障码。

六、问答题

1. 现象

(1)发动机突然加速时,有明显而沉重的连续响声,此响声比连杆轴承响钝重,好像用大锤敲大石块的声音,严重时发动机体也产生振动。

(2)响声随发动机的转速提高而增大,随负荷的增大而增强,但与发动机的温度变化无关。

(3)单缸断火试验无变化,相邻两缸断火时响声明显减弱。

(4)机油压力明显下降。原因如下:

主轴承与轴承配合松旷。主轴承润滑不良而烧坏。曲轴弯曲或轴向间隙大。

测试题二

一、选择题

1~5 DDDDB 6~10 DDBBC 11~15 CCBDB

二、判断题

1~5 √√√×× 6~10 √√√×× 11~15 √√√××

三、名词解释

1. 活塞上下止点间的距离称为活塞行程。

2. 气门密封锥面与气门顶平面之间的夹角。一般为 30°,也有 45°。

3. 略

4. 不与冷却水直接接触,壁厚为 1~3 mm 的缸套,称为干式缸套。

5. 电脑按预先设定的控制程序计算并控制喷油量,对控制的结果不具备反馈作用。

四、简答题

1. 作用是用电动汽油泵向喷油器提供足够压力的燃油,喷油器根据来自 ECU 的控制信号,向发动机喷射定量的燃油。

组成包括油箱、燃油泵、燃油滤清器、燃油压力调节器、喷油器等。

2. 略

3. 按照发动机每个汽缸内所进行的工作循环和发火次序的要求,定时开启和关闭汽缸的进、排气门,使新鲜可燃混合气(汽油发动机)或空气(柴油发动机)得以及时进入汽缸,废气得以及时从汽缸排出。

组成包括气门组和气门传动组两部分。

4. (1)掀起盖板用柔软绒布把盖板及棱镜表面擦拭干净。

(2)将待测液体用吸管滴于棱镜表面,合上盖板轻轻按压,将棱镜处对向明亮处。

(3)旋转目镜使视场内刻度线清晰,读出明暗分界线在标示板上相应标尺上的数值即可。

(4)测试完毕,用绒布擦拭棱镜表面和盖板,清洗吸管,将仪器还放于包装盒内。

5. 作用是把空气中的尘土分离出来,保证供给汽缸足够的清洁空气,以减少汽缸、活塞、活塞环的磨损。

组成包括外壳、滤清器盖、滤芯及密封圈等。

类型包括惯性式、油浴式、过滤式三种。

五、问答题

(1)燃油系统泄压。

(2)拆卸发动机罩。

(3)拆下进气管与燃油分配管的接头。

(4)连接燃油压力表。

(5)打开油路开关。

(6)观察怠速时燃油压力表的指示值。

(7)拔下燃油压力调节器上的真空管,观察燃油压力表的指示值。

(8)安装好下燃油压力调节器上的真空软管,观察燃油压力表的指示值。

(9)关闭发动机,将燃油压力表管路中的开关关闭。

(10)继续观察燃油压力表压力,看其是否下降,从而判断燃油回路的密封性。

(11)按安装燃油管的反方向安装燃油管路及发动机罩盖。

参考文献

[1] 黄虎. 现代汽车维修[M]. 上海:上海交通大学出版社,2001.
[2] 全国汽车维修专项技能认证技术支持中心编写组. 发动机机械[M]. 北京:教育科学出版社,2003.
[3] 汤定国. 汽车发动机构造与维修[M]. 北京:人民交通出版社,2005.
[4] 张广辉. 汽车故障诊断技术[M]. 北京:高等教育出版社,2005.
[5] 贺展开. 汽车维修工实训教程[M]. 北京:机械工业出版社,2006.
[6] 张子波. 汽车发动机构造与维修[M]. 2 版. 北京:高等教育出版社,2006.
[7] 陈家瑞,马天飞. 汽车构造[M]. 北京:人民交通出版社,2007.
[8] 仇雅莉,钱锦武. 汽车发动机构造与维修[M]. 北京:机械工业出版社,2008.
[9] 刘艳莉,李东兵. 汽车构造与使用[M]. 北京:人民邮电出版社,2009.
[10] 关文达. 汽车构造[M]. 北京:机械工业出版社,2010.
[11] 宋作军,王玉华. 汽车发动机电控系统检修[M]. 北京:清华大学出版社,2010.
[12] 母忠林. 柴油机维修典型案例[M]. 北京:化学工业出版社,2011.
[13] 谭本忠. 最新电控柴油发动机维修[M]. 北京:化学工业出版社,2012.
[14] 李巍. 奥迪维修手册[M]. 北京:化学工业出版社,2012.
[15] 刘炽平,符强. 汽车发动机机械系统检修一体化项目教程[M]. 上海:上海交通大学出版社,2012.
[16] 解云,郭微. 汽车发动机构造与维修[M]. 合肥:中国科学技术大学出版社,2013.